¿Y QUÉ HAY DE MÍ?

¿Y QUÉ HAY DE MÍ?

LIBÉRATE DEL EGOÍSMO Y DESCUBRE EL PODER DE VIVIR DESPRENDIDAMENTE

JOYCE MEYER

NEW YORK · NASHVILLE

FaithWords
Hachette Book Group
1290 Avenue of the Americas, New York, NY 10104
faithwords.com
twitter.com/faithwords

FaithWords es una división de Hachette Book Group, Inc. El nombre y logotipo de FaithWords
corresponden a una marca registrada de Hachette Book Group, Inc.

La editorial no es responsable de los sitios web (o su contenido)
que no son propiedad de la editorial.

El Hachette Speakers Bureau proporciona una amplia gama de autores para dar charlas. Si desea
obtener más información, visite hachettespeakersbureau.com o envíe un correo electrónico
a HachetteSpeakers@hbgusa.com.

Los libros de FaithWords se pueden comprar al por mayor para uso comercial, educativo
o promocional. Para obtener más información, comuníquese con su librero local o con el
Departamento de Mercados Especiales de Hachette Book Group a special.markets@hbgusa.com.

A menos que se indique lo contrario, el texto bíblico ha sido tomado de la Santa Biblia, Nueva
Traducción Viviente, © 2010 por Tyndale House Foundation. Usada con permiso de Tyndale
House Publishers, Inc., 351 Executive Dr., Carol Stream, IL 60188, Estados Unidos de América.
Todos los derechos reservados. / Las escrituras marcadas como «NVI» son tomadas de la Santa
Biblia NUEVA VERSIÓN INTERNACIONAL® NVI® © 1999, 2015 por Biblica, Inc.® Usada con
permiso de Biblica, Inc.® Todos los derechos reservados en todo el mundo. / Las citas bíblicas
marcadas como «LBLA» Las citas bíblicas marcadas como «LBLA» son tomadas de LA BIBLIA
DE LAS AMERICAS © Copyright 1986, 1995, 1997 por The Lockman Foundation. Usadas con
permiso. / Las escrituras marcadas como «NBLA» son tomadas de la Nueva Biblia de las
Américas (NBLA). Copyright © 2005 por The Lockman Foundation. Usadas con permiso.
www.NuevaBiblia.com. / Las citas bíblicas marcadas como «RVR1960» son tomadas de la Reina-
Valera 1960® © Sociedades Bíblicas en América Latina, 1960. Renovado © Sociedades Bíblicas
Unidas, 1988. Utilizado con permiso. Reina-Valera 1960® es una marca registrada de Sociedades
Bíblicas Unidas, y se puede usar solamente bajo licencia. / Las escrituras marcadas como «RVC»
han sido tomadas de la versión Reina Valera Contemporánea® © Sociedades Bíblicas Unidas,
2009, 2011. Todos los derechos reservados. / Las escrituras marcadas como «TLA» son tomadas
de la Traducción en lenguaje actual, © 2000 Sociedades Bíblicas Unidas. Usada con permiso.

Traducción, edición y corrección en español por LM Editorial Services | lmeditorial.com |
lydia@lmeditorial.com con la colaboración de Belmonte Traductores (traducción del texto).

ISBN: 978-1-5460-0792-0 (tapa blanda) / E-ISBN: 978-1-5460-0793-7 (libro electrónico)

Primera edición en español: septiembre 2024

Impreso en los Estados Unidos de América | Printed in the USA

LSC-C

Printing 1, 2024

ÍNDICE

INTRODUCCIÓN

Él murió por todos para que los que reciben la nueva vida de Cristo ya no vivan más para sí mismos. Más bien, vivirán para Cristo, quien murió y resucitó por ellos.

2 Corintios 5:15

Titulé este libro *¿Y qué hay de mí?* debido a algo que Dios me habló hace muchos años atrás. Ya era cristiana por mucho tiempo pero no había crecido espiritualmente, así que en términos de mi desarrollo espiritual todavía era una bebé cristiana. Seguía siendo egoísta y egocéntrica. Mi vida giraba en torno a lo que yo quería, lo que yo pensaba y cómo me sentía. Además, estaba llena de autocompasión. Cada mañana despertaba pensando en mí misma, y lo principal que había en mi mente todo el tiempo era yo.

Una mañana, mientras estaba en la cama inmediatamente después de despertar, comencé a pensar en mí misma, en lo que planeaba hacer ese día y en lo que haría mi familia. Dave saldría a jugar al golf, y los niños irían a nadar en la piscina del vecindario. Así que pensé: *Todos salen a divertirse, y me imagino que yo trabajaré todo el día.* Mi ánimo se vino abajo, y pensé: *¡¿Y qué hay de mí?!*

De repente, el Espíritu Santo comenzó a susurrar en mi corazón y a mostrarme una imagen de cómo era yo. Vi al diablo poniendo este pensamiento en mi mente repetidamente: *¿Y qué hay de mí? ¿Qué hay de mí? ¿Qué hay de mí?* Dios me mostró que ante sus ojos yo parecía un pequeño robot que el diablo estresaba cada mañana con pensamientos egoístas, y que lo único que Él oía de mí todo el día era esto: «*¿Y qué hay de mí?*». «*¿Y qué hay de mí?*». «*¿Y qué hay de mí? Bip. Bip. ¿Y qué hay de mí?*». Me reveló en solo unos segundos cuán egoísta era yo. El solo hecho de reconocer esta realidad fue doloroso. *Muy* doloroso.

Comencé a compartir esta historia en mis enseñanzas, fingiendo ser el robot «*¿Y qué hay de mí?*». Todos parecían identificarse con ello, y enseguida el pequeño robot se hizo famoso. He usado este ejemplo en muchos países del mundo y también en los Estados Unidos, y sin importar el idioma que hable la gente, todos parecen identificarse con el pequeño robot egoísta que solamente dice «*¿Y qué hay de mí?*» todo el día.

Para mí fue difícil admitir que era egoísta, y creo que a todos nos cuesta trabajo; sin embargo, hacer frente a mi egocentrismo y dejar que Dios trate con ello me cambió la vida, y creo que a ti te pasará lo mismo. Aprender a vivir una vida desprendida puede parecer un camino que no conducirá a la felicidad y la bendición, pero te lo prometo: sí que conduce.

Jesús murió por nosotros para liberarnos del pecado, de sus consecuencias y de otras formas de ataduras, una de las cuales es el egoísmo. Tal vez nunca has visto el egoísmo como un tipo de atadura. Yo no lo había hecho hasta hace unos treinta años atrás cuando estaba orando y preguntándole a Dios por qué era tan infeliz. Tenía una buena vida y no había razón alguna para ser infeliz, pero lo era. De inmediato, Dios me habló al corazón y me mostró que era infeliz porque era egoísta. Si sabes que Dios te ama mucho, no te molestará cuando Él te muestre algo sobre ti que tienes que corregir. Puedes alegrarte cuando

> *Era infeliz porque era egoísta.*

Él te corrija porque sabes que todo lo que hace en tu vida es por tu propio bien. Él nos corrige solamente para ayudarnos a cambiar para mejor a fin de poder disfrutar más de nuestra vida.

Saber que era egoísta abrió ante mí una nueva vía de estudio en la Palabra de Dios, y descubrí que su Palabra respalda lo que yo sentía que oí a Dios decirme sobre el egoísmo en mi vida. Segunda de Corintios 5:15 (el versículo en el que se basa este libro) dice claramente que una razón por la cual Jesús murió por nosotros fue que pudiéramos dejar de vivir para nosotros mismos y vivir para Él. Le pertenecemos a Dios. Hemos sido comprados con la sangre de Jesús (1 Corintios 6:20; 1 Pedro 1:18-19). Fuimos comprados por precio; por lo tanto, ya no nos pertenecemos. Vivimos para el Señor (Romanos 14:8).

> ¿No se dan cuenta de que su cuerpo es el templo del Espíritu Santo, quien vive en ustedes y les fue dado por Dios? Ustedes no se pertenecen a sí mismos, porque Dios los compró a un alto precio. Por lo tanto, honren a Dios con su cuerpo.
>
> 1 Corintios 6:19–20

Una amiga me dijo hace poco: «La gente se emociona por el hecho de que la sangre de Jesús fue derramada para la remisión de sus pecados, pero olvidan que también los compró y que ya no se pertenecen».

Una definición sencilla de madurez espiritual es «morir al yo y vivir para Jesús». Cuando nos convertimos en dadores en lugar de tomadores somos más como Dios, porque Él es un dador. Él da, y da, y sigue dando. Él nos dio a Jesús y ha perdonado nuestros pecados. Él da misericordia, gracia, ayuda, fuerza, alegría, justicia, sabiduría, conocimiento, ideas creativas y muchas bendiciones más, tantas que me quedaría aquí sin espacio si

> *Cuando te conviertes en un dador en lugar de un tomador, eres más como Dios.*

intentara enumerarlas todas. Él da a quienes lo merecen y a quienes no. Pregúntate: «¿Qué otra cosa ha hecho Dios aparte de darme?». Él nunca toma nada salvo tu amor, alabanza, adoración y agradecimiento.

Dios quiere que le obedezcamos porque lo amamos y porque obedecerlo a Él es el camino hacia la felicidad y el disfrute de la vida. Quiere que tengamos los deseos de nuestro corazón y que prosperemos y tengamos éxito (Salmos 37:4; 1:3).

El versículo en Juan 10:10 nos dice que Jesús vino para que pudiéramos tener y disfrutar vida en abundancia. Si estamos dispuestos a obedecerlo, tendremos abundancia de gozo y disfrute en nuestra vida. Una manera de obedecerlo es ser desprendidos y estar dispuestos a sacrificarnos por otros. ¿Estás listo para ser un dador en lugar de un tomador? No me refiero solamente a dar en términos de dinero, sino a dar en todas las áreas de la vida. Vivir para dar en lugar de vivir para recibir.

Dios no envió a su Hijo a redimirnos para que pudiéramos vivir egoístamente y empleando nuestra vida en intentar conseguir lo que queremos, sino para que podamos permitir que Él actúe a través de nosotros para ayudar a otras personas. Somos embajadores de Cristo en la tierra, y Él apela a las personas a través nuestro (2 Corintios 5:20). Si hacemos lo que nos pide, Él cuidará de nosotros y nos dará mucho más de lo que podríamos lograr conseguir por nosotros mismos. No pases por alto este punto: *Si hacemos lo que nos pide, Él cuidará de nosotros y nos dará mucho más de lo que podríamos lograr conseguir por nosotros mismos.* Esto también nos llevará a una felicidad más grande de lo que habíamos imaginado. Si recuerdas esta verdad mientras lees este libro, hacer lo que Dios quiere que hagas será mucho más fácil de lo que será si no lo haces. Dios es galardonador de los que le buscan con diligencia (Hebreos 11:6). Él siempre recompensa la obediencia y la fidelidad.

Vivir egoístamente es como vivir en confinamiento y soledad. Por lo general, nadie significa más para nosotros que nosotros mismos, y cuando nos permitimos vivir con nosotros mismos como el principal enfoque y la máxima prioridad, nos damos cuenta de que nos sentimos solos e insatisfechos. Queremos ser felices, pero nos estorbamos a nosotros mismos cuando somos egocéntricos. No hemos sido creados para vivir egoístamente sino para acercarnos a otros. Y, al hacerlo, experimentaremos una vida que vale la pena vivir.

Nacemos egoístas y tacaños, pero cuando aceptamos a Jesús como nuestro Salvador nacemos *de nuevo* siendo desprendidos y generosos. Solo tenemos que aprender a caminar en nuestra nueva naturaleza, y de eso trata este libro. A partir de este punto, no te veas como alguien egoísta. Piensa en ti como esa nueva criatura que Dios ha creado en Cristo (2 Corintios 5:17), y ponte de acuerdo con Dios en que eres generoso porque su naturaleza vive en ti. Pasa tiempo cada día pensando intencionalmente en lo que puedes hacer por otras personas.

El apóstol Pablo nos enseña a andar en el Espíritu para que no satisfagamos los anhelos y deseos de la carne (Gálatas 5:16). Esto significa que el único modo de vivir una vida verdaderamente desprendida es vivir una vida llena del Espíritu, confiando en el poder del Espíritu y en su gracia en cada situación. He dedicado dos capítulos de este libro a la importancia de andar en el Espíritu, así que aquí simplemente diré que no creo que podamos vivir siendo desprendidos sin la ayuda del Espíritu Santo. Por fortuna, según Juan 14:26 (TLA), el Espíritu Santo es nuestro ayudador, y siempre está dispuesto a ayudarnos a vivir como Dios nos llama a hacerlo.

El primer paso hacia una vida desprendida es *desear* vivir

desprendidamente. Una vez que tenemos el deseo, aprendemos a ser desprendidos al estudiar la Palabra de Dios, mediante la oración y practicando una vida desprendida. Tenemos que entender nuestra naturaleza humana, y tenemos que entender que hay una diferencia entre lo que queremos, lo que pensamos, lo que sentimos y la voluntad de Dios.

La pregunta «¿Y qué hay de mí?» viene a nuestra mente con frecuencia. Tendemos a preguntar, a veces de modo subconsciente: *¿Y qué voy a sacar yo de esto?* antes de tomar ciertas decisiones o de dar ciertos pasos, especialmente esos que son difíciles de dar. Sin embargo, si aceptamos el reto de vivir desprendidamente, podemos aprender a vivir como lo hizo Jesús y a compartir su alegría.

En el mundo, cuando alguien te pide hacer algo y preguntas «¿Y qué saco yo de esto?», no siempre puedes confiar en su respuesta. La gente a veces no cumple sus promesas, pero cuando Dios promete hacer algo, nunca falla en hacerlo. Dios es fiel y no puede mentir (Números 23:19; Salmos 31:3–5).

Es mi oración que verdaderamente desees ser como Jesús y aprendas a pensar más en los demás que en ti mismo, confiando en que Él cuidará de ti. Y es mi oración que estés dispuesto a hacer cosas difíciles ahora por el gozo que recibirás después. Este libro habla sobre aprender a amar y el gozo que eso supone. Y creo que, si sigues los principios que aprendas de él, finalmente encontrarás la alegría y satisfacción que estás buscando.

> *Está dispuesto a hacer cosas difíciles ahora por el gozo que recibirás después.*

PARTE 1

Aprende a amar

CAPÍTULO 1

El yo siempre estaba en mi mente

Traten a los demás como les gustaría que ellos los trataran a ustedes.

Lucas 6:31

He conocido a muchas personas que parecen vivir con una sensación difusa de infelicidad y parecen que constantemente buscan algo que les dé el gozo y la paz que anhelan. Tal vez tú te identificas con eso porque también te encuentras haciendo las cosas por inercia en la vida, cumpliendo tus responsabilidades pero pensando: *No soy feliz.* Puede que otros te perciban como capaz, inteligente y confiable, y quizá recibes muchos aplausos y afirmación por tus habilidades, pero en lo más profundo de tu ser no te sientes realizado y careces de ese sentimiento de satisfacción y contentamiento que anhelas. Tal vez en tu vida no hay nada terriblemente malo, ni estás pasando por una gran crisis y tampoco has sufrido una gran pérdida. Pero, aun así, en tu interior hay un vacío. Falta algo.

Cuando sentimos esa sensación difusa de falta de felicidad que mencioné, lo que hace nuestra naturaleza humana por lo general es mirar a nuestro alrededor para ver qué anda mal. Nos decimos:

- «Si tuviera un jefe mejor, sería feliz».
- «Si mis hijos se portaran bien, sería feliz».
- «Si pudiera salir de este apartamento tan ruidoso y comprar una casa, sería feliz».
- «Si mi esposo me ayudara en la casa, sería feliz».
- «Si no tuviera tanto estrés en el trabajo, sería feliz».
- «Si pudiera perder peso, sería feliz».
- «Si mis padres me hubieran tratado mejor en mi infancia, sería feliz».
- «Si pudiera encontrar un modo de conseguir mi sueño, sería feliz».

- «Si pudiera terminar la escuela, sería feliz».
- «Si pudiera librarme de la deuda, sería feliz».

Por lo general, miramos nuestras circunstancias para identificar lo que tiene que cambiar a fin de ser felices. Lo sé porque yo lo hice por muchos años. Finalmente descubrí que el problema no estaba en una situación concreta a mi *alrededor*; estaba *dentro* de mí. Yo lo resumo así: el yo siempre estaba en mi mente.

En los primeros veinte años de mi vida cristiana, tengo que admitir que la mayoría de mis pensamientos eran egocéntricos. Aprendí a pensar así de niña. Como muchas personas, crecí en un hogar disfuncional en el que mi padre abusaba sexualmente de mí. Mi madre, aunque estaba físicamente presente en mi vida, me abandonó a ese abuso al no lidiar con él y no darme la ayuda que necesitaba. Me quedo corta si digo estaba profundamente decepcionada en mi relación con mis padres. También estaba decepcionada en otras relaciones, así que desde muy pronto en mi vida tomé la decisión, y realmente fue una promesa, de que no dependería de nadie para nada. Yo misma cuidaría de mí.

Los años pasaron y me hice adulta, y no sabía cómo cambiar mis pensamientos egocéntricos; ni siquiera sabía que tenía que cambiarlos. Sabía que no era feliz, pero no tenía ni idea de que la raíz de mi descontento estaba en mi pensamiento y conducta egoístas. Intentaba arreglar todo de tal manera que siempre consiguiera lo que yo quería. Planeaba las comidas de nuestra familia, y en las pocas ocasiones en las que salíamos a comer, yo escogía el restaurante. En aquellos tiempos solo teníamos un televisor, y cuando veíamos televisión yo me enojaba si no se veía el programa que yo quería ver. Los domingos, al regresar a casa de la iglesia, Dave casi siempre veía los deportes y yo pasaba el día sintiendo lástima por mí misma porque había trabajado toda la semana. Como no me gustaban los deportes, no me interesaba nada de lo que él quería ver. Considerando mis acciones después de la iglesia, es obvio que asistir a un servicio de adoración no afectaba mi conducta.

Si Dave jugaba golf los sábados, cosa que hacía habitualmente, yo también me enojaba porque quería que se quedara en casa e hiciera algo conmigo. Pensaba que no era justo que él disfrutara, y pensaba que al hacer él las actividades que disfrutaba me dejaba a mí sin nada que hacer salvo trabajar en la casa. Por supuesto, yo trabajaba por decisión propia: muchas veces mientras Dave veía los eventos deportivos, yo decidía limpiar y hacer mucho ruido en el proceso con la esperanza de lograr que se sintiera culpable por estar sentado y disfrutando. Pero eso nunca me salía bien. Podría haber escogido hacer muchas otras cosas, pero como no se hacía lo que yo quería, me enojaba y sentía lástima de mí misma.

Durante esos años, ¡todo se trataba de mí, mí, mí! No me detenía a pensar que Dave iba a trabajar cada día, y aunque yo trabajaba muy duro como mamá que no trabaja fuera del hogar, también tenía tiempo para hacer cosas que quería hacer. Salía de compras con amigas, llevaba a mis hijos a nadar y hacía otras actividades, pero me quejaba porque Dave veía un partido de fútbol. Podría haber decidido sentarme con él y dejar que me enseñara sobre ese deporte, pero ni siquiera estaba dispuesta a intentar aprender por causa de mi enojo y egoísmo ridículos. Tenía que aprender a amarlo lo suficiente para querer que él pudiera disfrutar un poco aunque eso significara un sacrificio para mí. El verdadero amor se sacrifica por aquellos que ama.

Durante esos años yo era como Marta en la Biblia, que se enojó con su hermana María. Marta se enojó porque estaba haciendo todo el trabajo que suponía recibir a Jesús en su hogar, mientras que María se sentó a los pies de Jesús a escucharlo enseñar (Lucas 10:38–42). Jesús le dijo a Marta que estaba afanada y preocupada por muchas cosas, pero que María había escogido la mejor parte (Lucas 10:41–42), que era estar en su presencia y escucharlo a Él. Es mi oración que tú y yo seamos continuamente y cada vez más como María, escogiendo no estar afanados ni preocupados sino viviendo en paz y disfrutando de la presencia de Dios. Una clave para hacer eso es apartar nuestro enfoque de nosotros mismos.

Ahora, sé sincero contigo mismo: a medida que lees sobre mi conducta en el pasado, ¿se parece en algo a la tuya? Si no, eres muy bendecido; sin embargo, en caso de que la respuesta sea positiva, este libro es una oportunidad para que lo reconozcas y comiences a hacer algunos cambios que llevarán a mayores bendiciones en tu vida.

En verdad puedo decir que el yo siempre estuvo en mi mente durante años. Estoy muy agradecida de que Dios me haya cambiado y liberado de ser egoísta y egocéntrica. No diría que estoy totalmente libre de ello, porque todavía veo el egoísmo infiltrándose en mi vida regularmente, pero al menos he progresado y ahora sé que ser egoísta no es el camino a la alegría. Creo que el egoísmo es algo que siempre nos tentará y que tendremos que resistir, así que no te sientas mal si te enseña su peor cara de vez en cuando en tu vida.

Intento tener en mi mente lo que dice Jesús en Mateo 10:39: «Si te aferras a tu vida, la perderás; pero, si entregas tu vida por mí, la salvarás». Está diciendo que, si decidimos perder desprendidamente nuestra vida en este mundo, encontraremos una vida superior que es mucho mejor. Al continuar leyendo este libro, deseo que te sientas animado a soltar esa peor vida (egoísmo) y experimentar la mejor vida (desprendimiento) que Dios quiere que vivas.

Amar a las personas no solo les hace felices a ellas sino también a nosotros; sin embargo, el egoísmo nos roba la alegría. Cuando somos egoístas, puede que pensemos que estamos

> *El egoísmo nos roba la alegría.*

consiguiendo lo que queremos, pero la verdad es que eso no nos hará felices porque el egoísmo no es la voluntad de Dios.

Claro está que hay momentos para defenderte, y te mereces algunas de las cosas que quieres en la vida, pero la mejor manera de obtenerlas es dejar que Dios te las entregue mientras tú decides actuar como Jesús lo haría en cada situación.

La importancia de vivir desprendidamente

Si tuviera que resumir en una sola frase por qué es importante vivir desprendidamente, diría esto: vivir desprendidamente es la voluntad de Dios, ¡y nos hace felices! Uno de los puntos que he enfatizado por años en mis enseñanzas es que Dios quiere que *disfrutemos* de nuestra vida. Jesús era una persona alegre, y quiere que nosotros también seamos alegres. En Juan 15:11 Jesús ha estado dando a sus discípulos instrucciones muy importantes, y les dice: «Les he dicho estas cosas *para que se llenen de mi gozo; así es, desbordarán de gozo*» (énfasis de la autora).

Es interesante que el siguiente comentario que Jesús hace después de hablar sobre el gozo sea sobre vivir desprendidamente: «Este es mi mandamiento: ámense unos a otros de la misma manera en que yo los he amado. No hay un amor más grande que el dar la vida por los amigos» (Juan 15:12–13). Podemos ver claramente que el camino hacia el gozo es vivir enfocados en otros, no en nosotros mismos. Cuando quieres comenzar a vivir una vida desprendida, al principio te resultará difícil; pero, cuanto más tiempo lo hagas, más gozo encontrarás como resultado.

El apóstol Pablo escribe en Filipenses 4:5: «Que todos sepan, perciban y reconozcan su ausencia de egoísmo (que son considerados, que son pacientes). El Señor está cerca [Él viene pronto]» (AMP, traducción libre). Esto nos enseña que nuestro Señor quiere que vivamos siendo desprendidos, y quiere que el mundo lo reconozca como un ejemplo del modo en que Él ama a todos. Vivir desprendidamente es incluso más importante a medida que se acerca el regreso de Cristo. El tiempo es corto, y queremos vivir de maneras que hagan que la gente quiera tener una relación con Jesús antes de que sea demasiado tarde. La forma de hacerlo es mostrándoles un amor incondicional genuino. No solo tenemos que amar a las personas que son fáciles de amar, sino también amar a los que son difíciles de amar. Si te gustaría tener ayuda en esta área, considera leer mi libro *Amar a la gente que es muy difícil de amar.*

El mundo está lleno de oscuridad, pero Jesús dice que, como creyentes, somos la luz del mundo y deberíamos dejar que nuestra luz brille (Mateo 5:16). También dice que somos la sal de la tierra, y debemos permanecer salados (Mateo 5:13) porque la sal da sabor a los alimentos. Sin sal, la comida está sosa y no sabe a nada. Los cristianos somos el sabor del mundo. Imagina cómo sería el mundo si el Espíritu Santo no estuviera presente y activo en él, y si no hubiera cristianos. Estaría lleno de un caos total, de pecado y oscuridad espiritual, más oscuro que cualquier cosa que podamos imaginar.

Vivir para nosotros mismos hace que confundamos nuestros valores y busquemos las cosas equivocadas. Cuando vivimos de ese modo, pagamos un precio muy alto por hacerlo aunque no nos demos cuenta de lo alto que es el costo. A menudo pagamos un alto precio por un entusiasmo barato. Sin embargo, cuando decidimos abandonar el modo de vida egoísta con la ayuda de Dios, encontramos la vida a un nivel superior, y somos transformados a la imagen de Jesucristo (Romanos 8:29; 2 Corintios 3:18). Este puede ser un buen momento para hacer una pausa y

pensar seriamente en cuán egoísta o desprendido eres. Habla
con el Señor de ello y pídele que te revele la verdad. Si te das
cuenta de que eres egoísta, no te sientas condenado sino más
bien alégrate de poder ver algo que se puede corregir en ti a
medida que trabajas con el Espíritu Santo para cambiarlo.

> El camino hacia
> la vida que Dios
> quiere que vivamos
> es negarnos a
> nosotros mismos,
> andar en amor y vivir
> desprendidamente.

Siempre es importante darnos cuenta
de que el camino para vivir esa gran vida
que Dios quiere que vivamos es negar-
nos a nosotros mismos, andar en amor
y vivir desprendidamente. Jesús les dice
a sus discípulos: «Si alguno de ustedes
quiere ser mi seguidor, tiene que abandonar su propia manera de vivir, tomar
su cruz y seguirme» (Marcos 8:34).

Cuando las personas tienen dificultades o han atravesado
alguna tragedia en su vida, a menudo les oímos decir que la
situación es «la cruz que les ha tocado llevar», pero el dolor y
los problemas no representan la cruz que Jesús nos ha pedido
tomar. Nuestra cruz es vivir una vida desprendida, una en la
que no nos ponemos a nosotros mismos primero en todo sino
que buscamos ser considerados con los demás y dejarles reconocer nuestra falta de egoísmo. El pastor John MacArthur dice:
«El verdadero evangelio es un llamado a la abnegación. No es un
llamado a la autorrealización».[1]

Dondequiera que estés en tu proceso de aprender a vivir de
forma desprendida, recuerda que, si buscas primero a Dios, Él cuidará de ti. Jesús dice: «Por lo tanto, busquen primeramente el reino
de Dios y su justicia, y todas estas cosas les serán añadidas» (Mateo
6:33 RVC). Mientras lo pongamos a Él primero en todas las cosas, Él
proveerá todo lo demás que necesitemos. Pídele a Dios lo que quieres, y después deja en sus manos el tiempo oportuno para que eso
suceda mientras sigues sirviéndolo a Él y ayudando a otros.

«Pero en serio, ¿y qué hay de mí?»

A estas alturas puede que estés pensando: *De acuerdo, Joyce, estoy comenzando a ver lo que quieres decir. Pero en serio, ¿y qué hay de mí?* Creo que es importante decir que buscar una vida desprendida no significa que nunca puedas hacer algo que quieras hacer o que todo tu tiempo y esfuerzo tengas que dedicarlos a servir a otros. Dios quiere que vivamos vidas balanceadas, y es importante que nos ocupemos de nosotros mismos. Si no te cuidas, no serás capaz de cuidar de otros. Desde luego que te cuidarás y harás cosas que te guste hacer; de lo contrario, tu vida estaría controlada por los demás, y eso tampoco está bien. La clave es vivir una vida guiada por el Espíritu. Si lo haces, tu vida estará balanceada.

> *Una vida desprendida no significa que nunca puedas hacer nada que quieras hacer.*

También es importante decir que vivir una vida desprendida no significa permitir que otros te usen o abusen de ti. A mí me han usado y abusado, y no quiero que nadie se coloque en esa posición pensando que hacerlo es «ser desprendido». No estoy hablando en este libro de que tengas que convertirte en un felpudo y permitir que la gente se aproveche de ti o te manipule. Hablo de maneras buenas y saludables de vivir ese tipo de vida desprendida que Dios nos llama a vivir en su Palabra. Este tipo de vida conduce al gozo y la bendición, y no a nada negativo.

Filipenses 2:4 dice: «No se ocupen solo de sus propios intereses, sino también procuren interesarse en los demás». No dice que no podamos pensar en nuestros propios intereses, pero no deberíamos dejar que éstos nos consuman. Dios sabe lo que anhelamos, y el Salmo 37:4 nos enseña que, si nos deleitamos en el Señor, Él nos concederá las peticiones de nuestro corazón.

> *Busca agradar a Dios, no a la gente.*

Lo repito: *No dejes que la gente se aproveche de ti. Busca agradar a Dios, no a la gente.* Algunas personas, en sus errados esfuerzos por hacer sacrificios, van demasiado lejos a la hora de servir y terminan resentidos.

Yo hago cosas para mí, y me cuido. Hago cosas que disfruto y gasto parte de mi dinero en mí misma, pero la diferencia entre cómo vivo ahora y cómo vivía antes radica en que ahora no soy totalmente egocéntrica. No me pongo siempre a mí misma por delante de los demás, pero tampoco me dejo a mí misma siempre para el final. Y, por encima de todo, busco caminar en amor porque Jesús dice que lo más importante que podemos hacer es amarlo a Él y amar a otros como nos amamos a nosotros mismos (Mateo 22:36-40). Con frecuencia le pido al Señor que me muestre lo que puedo hacer por otra persona. Por ejemplo, le pregunto qué puedo hacer por mi esposo, por una amiga o por alguien que trabaja para mí. Él siempre me muestra algo, aunque sea sencillamente hacerles un cumplido.

Yo soy una líder, y hay cientos de personas trabajando para mí; sin embargo, soy intencional haciendo actos de servicio que sirvan de ejemplo a otros y me recuerden a mí misma que no soy más importante que nadie. Un verdadero líder lidera mediante el ejemplo y no meramente con las palabras.

Trabajo con el Espíritu Santo para mantener balance en mi vida, un balance entre servir y hacer algo por los demás y hacer cosas para mí misma. Puedo sentir cuándo necesito un descanso o cuándo tan solo necesito hacer algo para mí misma. Si no tomamos esos tiempos, nos quemaremos.

Algunas personas se sienten culpables si hacen algo para sí mismas, y eso nunca termina bien. Refleja más bien la mentalidad de un mártir (servir a otros a costa de ti mismo) que el corazón de un verdadero siervo. La mayoría de las personas que viven para ayudar a otros y sienten que no merecen hacer cosas para ellas mismas hablan frecuentemente sobre todo lo que hacen por otros y lo poco que se les reconoce. También mencionan con frecuencia que siempre se quedan los últimos, y esto hace que me pregunte si acaso estarán orgullosas de ello. Dejarte siempre a ti mismo en último lugar es tan malo como ponerte siempre el primero. Ninguna de las dos posturas es un modo de vivir balanceado.

Es cierto que algunas personas se aprovecharán de quienes les ayudan, pero lo hacen porque quienes les ayudan se lo permiten. He aprendido que, si alguien se está aprovechando de mí, es error mío por permitirlo. Dejar que la gente se aproveche de ti o te controle no solo no es bueno para ti, sino que tampoco es bueno para ellos.

Jesús dice que el que sirve es el mayor de todos (Mateo 23:11). Jesús mismo tomó la toalla de un siervo y lavó humildemente los pies de sus discípulos para darnos ejemplo (Juan 13:5, 15). Después de ese acto, les dijo a los discípulos: «Ahora que saben estas cosas, Dios los bendecirá por hacerlas» (Juan 13:17). Servir a otros no parece que sea algo que nos hará sentirnos felices, pero Jesús dice que nos dará alegría. Yo misma lo he experimentado, y sé que es verdad.

CAPÍTULO 2

Alegría inesperada

Es más dichoso [y aporta una mayor alegría] dar que recibir.

Hechos 20:35 AMP, TRADUCCIÓN LIBRE

Si preguntaras a diez personas qué creen que les haría ser felices, probablemente pensarían en lo que quieren y te dirían que conseguirlo les haría felices. Como seres humanos estamos hechos para pensar en lo que queremos. Nuestra mente tiende a pensar por inercia en lo que nos beneficia, no en lo que es bueno para otras personas. Cuando recibimos lo que queremos *pensamos* que somos dichosos, que es una manera de decir «felices», pero como dice el versículo que introduce este capítulo, realmente somos más dichosos cuando damos a otros.

Las personas no solo tienden a pensar de forma natural que conseguir lo que desean les hará felices, sino que también el mundo refuerza esta idea. Tan solo piensa en algunos de los anuncios de televisión que hayas visto. La mayoría de ellos están dirigidos a conseguir que quieras algo y a decirte que te mereces tenerlo. De vez en cuando, especialmente durante las fiestas, los anuncios están dirigidos hacia dar regalos fabulosos a otras personas; sin embargo, la mayoría de las veces, el mundo que nos rodea y los medios de comunicación que tienen influencia sobre nosotros nos empujan a gastar dinero en cosas que harán que la vida nos resulte más fácil o más conveniente, o que nos haga lucir mejor, sentir mejor, actuar mejor, estar más cómodos o divertirnos más.

Muchas personas en nuestra sociedad han llegado a la conclusión de que el camino para ser feliz es tener lo que queremos; pero eso no es cierto. He oído que algunas celebridades y otras personas de perfil alto han admitido que, una vez que consiguieron o acumularon las cosas que querían, su vida les siguió pareciendo vacía. Eso se debe a que conseguir lo que se quiere no nos deja finalmente satisfechos en nuestra alma o realizados en nuestro corazón. Solo nos deja queriendo más.

Razones por las que la gente se enfoca en sí misma

¿Por qué pensamos que conseguir lo que queremos nos hará felices? Como he mencionado, forma parte de nuestra naturaleza humana. Además, somos bombardeados con este mensaje a través de los medios de comunicación. Pero hay razones más profundas por las que la gente se vuelve egoísta y egocéntrica en lugar de ser desprendida y generosa. Veamos cinco razones clave y observémoslas como bloqueadores de la alegría, porque ciertamente nos impiden experimentar el gozo que Dios desea que tengamos.

1. Dolor emocional

Siempre que sentimos dolor en el corazón, tendemos a mirar hacia adentro y enfocarnos en nosotros mismos. Piensa en lo que ocurre cuando te cortas con un papel. El dolor del corte en una parte muy pequeña de un dedo demanda toda tu atención. El dolor emocional actúa de forma similar. Cuando sientes dolor, lo único que quieres hacer es sentirte mejor, y dedicas tu tiempo y energía a ayudarte a ti mismo a encontrar alivio del dolor. Muchas personas buscan ese alivio comprando algo para sí mismos o tomando unas vacaciones que no se pueden permitir. Algunos incluso buscan ese alivio comiendo, y así terminan abusando de la comida y pesando más de lo que deberían. Entonces no les gusta cómo lucen, y su angustia solamente empeora. En lugar de encontrar maneras de evitar el dolor emocional, podemos acudir a Dios y pedir su ayuda para lidiar con ello.

2. Decepción

La decepción es ciertamente un tipo de dolor emocional, pero creo que vale la pena mencionarla específicamente porque, cuando las personas se decepcionan, a menudo intentan compensar lo que querían tener pero no consiguieron. Intentan llenar el vacío con otra cosa, algo que creen que les hará felices en lugar de sentirse tristes. Tal vez nunca seremos capaces de evitar por completo las decepciones en la vida, pero podemos decidir cómo reaccionar ante ellas.

3. Escasez

Cuando las personas sienten que les falta algo, intentan compensarlo de cualquier manera posible. Si no tienen algo, sienten que necesitan encontrar el modo de conseguirlo. A menudo emplean mucho tiempo y energía, y a veces se meten en deudas, para adquirir sea lo que sea que sienten que les falta. Cuando las personas se criaron en situaciones en las que nunca tuvieron lo suficiente puede que utilicen medidas extremas para intentar adquirir cosas materiales, puestos y/o poder para sentir la seguridad de que nunca les volverá a faltar nada.

4. Miedo

Cuando las personas tienen miedo o se sienten amenazadas de alguna manera, se enfocan totalmente en sí mismas. De hecho, es casi imposible sacarnos a nosotros mismos de nuestra mente cuando tenemos miedo. Nos preocupamos y nos esforzamos por tener esperanza, y oramos para que no nos ocurra eso que tememos o para intentar impedir que suceda. Cuando tenemos problemas graves y sentimos miedo, en lo último que pensamos es en hacer algo para ayudar a otros.

5. Problemas en la infancia

Cuando era niña sufrí todo lo que he mencionado en la lista, a menudo hasta un grado extremo. Vivía con dolor emocional constante en muchos aspectos debido al abuso sexual de mi padre y el abandono emocional de mi madre. Estaba profundamente decepcionada por el modo en que mis padres me trataban y por el hecho de que, cuando quise buscar ayuda, otras personas no quisieron involucrarse. Carecía del amor, el cuidado, el apoyo, la seguridad, la sensación de valía y la estabilidad que necesitan los niños. Cuando estaba en la secundaria no me permitían participar en actividades extraescolares, ni tener mucha interacción con mis amigos fuera de la escuela, así que me faltaron las oportunidades de desarrollo social que son tan importantes en la juventud. Podría seguir nombrando cosas que me faltaron en mi infancia y cómo eso me condujo a convertirme en una persona muy egoísta durante años. También vivía con un miedo intenso debido al abuso y la ira incontrolable de mi papá.

Tus experiencias de la infancia tal vez fueron diferentes a las que yo viví. Quizá no te criaste con alguien abusador, pero las personas que te rodeaban tampoco modelaron la generosidad ni te enseñaron la importancia de expresar bondad a los demás. Sea cual sea el caso, creo que lo que las personas aprenden y experimentan en su niñez a menudo los conduce a tener una conducta egocéntrica.

Las razones del egoísmo son muchas, y aquí he destacado solamente cinco de las más comunes. Te animo a pensar en ellas y orar por ellas para comprobar si alguna podría estar afectándote.

Enfocarse en uno mismo nos roba la alegría que Dios quiere te tengamos, así que necesitamos lidiar con los bloqueadores de alegría en nuestra vida. Dios nos sanará de todo nuestro dolor emocional y nuestra decepción, compensará cualquier cosa que nos falte y siempre nos proveerá de lo que necesitemos. Él nos librará del temor, y sanará y solucionará los problemas de la infancia que nos afectan como adultos. Y, si se lo permitimos, Él nos enseñará a apartar nuestra mente de nosotros mismos y experimentar la felicidad que se produce al pensar en los demás.

El egoísmo es un problema común y antiguo. Podríamos incluso decir que es innato a los seres humanos porque estaba presente en el jardín del Edén. Dios ha lidiado con él durante siglos, y ha liberado a las personas del egocentrismo para llevarlos a una vida de alegría y bendición.

El egoísmo comenzó en el jardín

La primera vez que vemos el egoísmo en la Biblia es en el jardín del Edén, así que es tan antiguo como la humanidad misma. En cuanto las personas fueron creadas, comenzó el egocentrismo. Adán y Eva vieron algo y lo quisieron, aunque Dios les había prohibido tenerlo; es decir, comer del árbol del conocimiento del bien y del mal (Génesis 2:16–17). Aunque podían comer libremente de todos los demás árboles del jardín, pecaron al decidir agradarse a sí mismos en lugar de agradar a Dios. Quisieron lo único que Dios les había dicho que no podían tener si no querían experimentar graves repercusiones. Ellos decidieron desobedecer a Dios, y debido a su desobediencia entró el pecado en el mundo.

En el jardín, Satanás apareció en forma de una serpiente y tentó a Eva, pero no le dijo cuáles serían las consecuencias si tomaba la decisión incorrecta (Génesis 3:1-5). Ella cedió a la tentación y después tentó a Adán (Génesis 3:6). Desde entonces, cada persona nace con una naturaleza de pecado, lo cual significa que nacemos siendo egoístas. Sin embargo, gracias a Dios porque Jesús pagó el precio para hacernos libres; solo tenemos que aprovecharnos de la oportunidad que Él nos ha provisto.

Hoy día seguimos pecando cuando nos agradamos a nosotros mismos en lugar de obedecer a Dios. Proverbios 3:5-6 nos da un gran consejo para ayudarnos a no ser egoístas: «Confía en el Señor de todo corazón, y no te apoyes en tu propia prudencia.

Reconócelo en todos tus caminos, y él enderezará tus sendas» (RVC). Y Santiago 4:1–2 nos enseña que lo que causa contiendas es que queremos ciertas cosas mundanas y, cuando esos deseos no se satisfacen, nos molestamos con aquellos que tienen lo que nosotros queremos. Santiago concluye estos versículos diciendo simplemente: «No tienen lo que desean porque no se lo piden a Dios». En lugar de esforzarnos por intentar conseguir cosas, deberíamos pedírselas a Dios y confiar en que Él nos dará lo que sea mejor para nosotros en su tiempo perfecto.

Decirte no a ti mismo y sí a Dios no siempre es fácil, pero es más fácil que vivir de manera egocéntrica y ocuparte solamente de ti mismo. Eso conduce a una vida solitaria y miserable. Por lo general, culpamos de nuestra miseria a otras personas esperando que nos hagan felices, pero tenemos que recordar que nuestra felicidad es responsabilidad nuestra y de nadie más.

Siembra alegría

Si queremos ser felices, deberíamos invertir en nuestra propia felicidad. Permíteme explicarlo. A través de la Palabra de Dios, comenzando desde Génesis 8:22, leemos sobre un principio que ha llegado a conocerse como la ley de la siembra y la cosecha. También vemos que se usan metáforas como un medio para expresar sabiduría y verdad, y una de ellas es la metáfora que nos enseña que la Palabra de Dios es una semilla que entra en nuestro corazón, y la cosecha son las bendiciones que cosechamos cuando la obedecemos. Es importante entender esto cuando leemos la parábola del sembrador que Jesús contó en Marcos 4. Esta historia hace referencia a la Palabra de Dios como semillas que el sembrador (el Espíritu Santo) plantó en varios tipos de terrenos. La tierra o el terreno en esta metáfora es nuestro corazón. Si nuestro corazón está duro, la semilla no echará raíces en el terreno. Si nos preocupamos y nos engañan las riquezas, eso ahogará la semilla y no dará fruto (Marcos 4:18–19). Marcos 4:14–15 también dice que, cuando se siembra la semilla, Satanás viene inmediatamente e intenta robarla. Nuestro enemigo, Satanás, no quiere que aprendamos la Palabra de Dios, ni la obedezcamos porque sabe que, si la aprendemos y la ponemos en práctica, tendremos vidas increíblemente maravillosas.

En este libro, lo que te pido es que dejes que la Palabra de Dios eche raíces profundas en tu corazón y seas obediente a ella quizá como nunca lo has hecho hasta ahora. Te invito a rendir tu vida para servir a Dios y a los demás. Cada vez que haces eso, plantas una semilla de felicidad y recoges una cosecha de alegría que casi será más de lo que puedas recibir. Dios quiere asombrarte si simplemente le permites que lo haga.

Encomienda tu camino

¿Eres del tipo de persona que quieres que todo se haga a tu manera? Tal vez no te gusta admitirlo, pero sabes que es así. Admito que yo quise todo a mi manera por muchos años, y a veces aún me sucede. Me tomó años y también necesité mucha ayuda para aprender a responder de maneras más maduras en lugar de enojarme, darle a alguien el trato del silencio o sentir lástima de mí misma cuando no conseguía lo que yo quería. Por eso aún recuerdo mi primera Biblia, la cual recibí como un regalo de mi suegra cuando Dave y yo nos casamos. Era una Biblia King James, y ella escribió este versículo en la primera página: «Encomienda a Jehová tu camino, y confía en él; y él hará» (Salmos 37:5 RVR1960).

Este versículo me vino muy bien, porque yo era alguien que empleaba mucha energía intentando que todo saliera a mi manera. Aunque en el momento no lo entendí, y dudo que ella entendiera lo perfecto que era para mí, he recordado con frecuencia este versículo porque a lo largo de los años necesité frecuentemente encomendar *mi* camino al Señor, confiando en que Él sea quien haga su voluntad en mi vida en lugar de insistir en tener lo que yo quería e intentar averiguar cómo conseguirlo. Me tomó bastante tiempo, pero estoy aprendiendo diariamente que encomendar a Él mi camino es vital si quiero vivir una vida alegre y satisfactoria. Podría escribir un libro entero solamente sobre las bendiciones de permitir que Dios obre su voluntad en tu vida, pero tan solo diré que, al rendirte a Él y obedecer su Palabra, estoy segura de que Él hará que suceda todo lo bueno que quiere hacer en tu vida.

Siento en mi corazón que algunos de ustedes que están leyendo este libro están al borde de la grandeza, y lo único que necesitan es hacer el cambio de poner a Dios y a los demás primero en lugar de ponerse ustedes los primeros.

> *Haz el cambio de poner a Dios y a los demás primero en lugar de ponerte tú el primero.*

PARTE 2

Deja tu propio camino

CAPÍTULO 3

¿Qué quieres?

Me complace hacer tu voluntad, Dios mío, pues tus enseñanzas están escritas en mi corazón.

Salmos 40:8

Todos queremos hacer las cosas a nuestra manera. Como ya dije, es parte de la naturaleza humana. Sin embargo, como mencioné en el capítulo anterior, la Biblia enseña que hemos de encomendar nuestro camino al Señor. En otras palabras, si queremos ser felices tenemos que entregar lo que queremos a cambio de lo que Él quiere y confiar en que Él hará cosas maravillosas en nosotros, a través nuestro y por nosotros. Puede que nos dé lo que queremos, pero puede que también nos dé algo mejor, algo que no sabemos ni cómo pedirlo.

Observé en la introducción de este libro que las personas egoístas viven su vida pensando: *¿Qué quiero? ¿Qué pienso? ¿Cómo me siento?* Yo las denomino las tres preguntas clave del egocentrismo, y creo que cualquiera que sea capaz de impedir que estas preguntas gobiernen su vida estará destinado a una vida de alegría y bendición. Mientras vivamos conforme a lo que nosotros queremos, lo que nosotros pensamos y cómo nos sentimos, nos interponemos en nuestro propio camino y bloquearemos la alegría que Dios quiere que tengamos. Sin embargo, con la ayuda el Espíritu Santo podemos salir de nuestro propio camino y hacer espacio para las bendiciones que Él tiene para nosotros.

Lidiar con los deseos

Lidiar con los deseos, que es otra forma de decir «con lo que yo quiero», me resultaba especialmente difícil. Permítame explicar por qué era tan difícil.

Cuando me fui de mi casa a los dieciocho años después de que mi padre abusara de mí sexualmente por muchos años, pensé que había dejado atrás mis problemas. No comprendí hasta muchos años después que mis problemas estaban en mi alma (mi mente, voluntad y emociones) y no podía alejarme de ellos tan fácilmente. Tuve que lidiar con ellos y dejar que Dios sanara mi alma. Lo que yo quería estaba arraigado principalmente en el egoísmo, mis pensamientos eran egoístas y poco espirituales, y mis sentimientos me controlaban. Era incapaz de confiar en que alguien no me haría daño tarde o temprano, especialmente si le daba el más mínimo control sobre mí. Tenía tanto miedo a que me hirieran que intentaba controlar a todo aquel que entraba en mi vida.

En mi infancia nunca me dieron lo que yo quería. Tuve que aceptar lo que mi padre quería para mí. Mi madre era débil y tenía miedo de él, así que nunca dio un paso al frente ni por mí ni por ella. Yo nací con una fuerte personalidad tipo A colérica, y que me obligaran a hacer cosas en contra de mi voluntad era algo especialmente difícil para mí y tuvo en mi vida efectos negativos perdurables. Hizo que fuera una persona rebelde hacia las autoridades en mi vida más adelante, especialmente las autoridades masculinas.

Mi papá era controlador, y solo hacíamos lo que él quería hacer. Me acerqué con algunas personas para pedir ayuda con respecto al abuso sexual, pero nadie quiso involucrarse. Cuando me di cuenta de que nadie iba a ayudarme, decidí que sobreviviría hasta que pudiera irme de mi casa y me prometí a mí misma que, cuando me alejara de mi papá, nunca dejaría que nadie me dijera lo que tenía que hacer.

La determinación de no dejar que nadie me dijera qué hacer no funcionó bien porque descubrí que nos vemos confrontados con la autoridad dondequiera que vayamos. Si tienes un trabajo, tu jefe es tu autoridad. Al manejar, el límite de velocidad es una autoridad. Las señales de «no estacionar» son una forma de autoridad. Como cristianos, la Palabra de Dios es nuestra autoridad.

Watchman Nee, un cristiano de China que era un serio estudiante de la Palabra de Dios y escribió muchos libros maravillosos, escribe en su libro *Autoridad espiritual*:

> Si alguna vez en tu vida te encuentras con la autoridad, en ese momento serás capaz de ver la autoridad de Dios por todas partes. Dondequiera que vayas, tu primera pregunta será: ¿A quién debería obedecer, a quién debería prestar atención?[2]

Mi modo de aplicar esta cita de manera práctica es decir a la gente que, cuando entramos en un lugar, nuestra primera tarea es mirar a nuestro alrededor, encontrar a la persona en autoridad y decidir honrar esa autoridad.

Tristemente, nuestra sociedad hoy día está llena de rebeldía contra la autoridad, y la mayoría de las personas piensan que deberían poder hacer lo que quieran. Dios nos ha dado libre albedrío y podemos hacer lo que queramos, pero puede que lo que decidimos hacer no termine bien si no es la voluntad de Dios. Cada acción tiene una reacción, y es importante que lo recordemos.

Dios quiere que usemos nuestro libre albedrío para escoger su voluntad. Él no quiere que seamos marionetas sin opción de seguirlo a Él o no. Quiere que nosotros *decidamos* seguirlo. Muchas personas preguntan: «¿Cuál es la voluntad de Dios para mí?». Descubrimos la voluntad de Dios en su Palabra. Por ejemplo, 1 Tesalonicenses 5:18 dice: «Sean agradecidos en toda circunstancia, pues esta es la voluntad de Dios para ustedes, los que pertenecen a Cristo Jesús». Si comenzamos por obedecer este versículo, avanzaremos más que la mayoría de la gente.

A veces me escucho a mí misma quejarme, y no debería sucederme eso. Todos tenemos mucho por lo que estar agradecidos, pero cuando estamos llenos de obstinación no nos cuesta mucho quejarnos si no conseguimos exactamente lo que queremos o si tenemos algún inconveniente de cualquier clase. Si comenzamos haciendo lo que sabemos que es la voluntad de Dios para todos, como ser agradecidos en toda circunstancia, Él revelará su voluntad concreta para situaciones específicas. Tal vez tu llamado sea predicar el evangelio al mundo, o quizá sea ser una mamá ama de casa, y ambas cosas son igual de importantes. Lo que hacemos no es tan importante como hacer lo que hacemos para el Señor (Colosenses 3:23). Todos estamos en el ministerio, no solo los que tenemos el título de «Reverendo» delante de nuestro nombre. Quizá pienses que orar o leer tu Biblia es más espiritual que limpiar tu casa, pero si estás siguiendo al Espíritu Santo, todo lo que haces se vuelve espiritual si lo haces para Dios. Eclesiastés 3:11 dice: «Dios lo hizo todo hermoso para el momento apropiado». Hay un tiempo para orar y un tiempo para estudiar la Palabra, pero también hay un tiempo en el que tienes que hacer tareas prácticas, y se pueden hacer con alegría si se hacen para el Señor.

> Hagan lo que hagan, trabajen de buena gana, como para el Señor y no como para nadie en este mundo, conscientes de que el Señor los recompensará con la herencia. Ustedes sirven a Cristo el Señor.
>
> Colosenses 3:23–24 NVI

El gran jefe

Recuerda que el alma está compuesta por la mente, la voluntad y las emociones, pero la voluntad (nuestra capacidad para tomar decisiones) es lo que yo llamo el gran jefe. Al final, haremos lo que queramos si lo deseamos con la fuerza suficiente. Aunque no sea lo mejor para nosotros, Dios a veces dejará que lo tengamos solo para ayudarnos a ver que no nos satisface y que estar en su perfecta voluntad es mejor que estar en su voluntad permisiva. Nuestra voluntad, el gran jefe, tiene el voto decisivo en todas las decisiones.

La Palabra de Dios nos enseña lo que es mejor para nosotros, pero Dios no nos fuerza a obedecerlo. Es decisión nuestra.

¿Quieres la voluntad de Dios? Si es así tendrás que morir a tu propia voluntad, y eso duele. Quizá tienes un empleo que realmente te gusta y que te aporta un buen dinero, pero para mantener ese trabajo tienes que comprometer tus principios cristianos. Tu jefe te exige mentir, engañar y ser deshonesto en general para conservar el empleo. Ahora tú tienes una decisión que tomar. ¿Conservarás el empleo y seguirás haciendo concesiones, o dejarás el empleo y confiarás en que Dios te dará otro igual o mejor que el que tienes actualmente?

¿Y si decides abandonar el empleo por tu amor por Dios, pero no encuentras otro nuevo donde te paguen tanto como en el que tienes ahora? ¿Aun así estarás feliz y contento a pesar de tener que hacer algunos sacrificios económicos para estar en la voluntad de Dios? A veces no sabemos cuán atrapados nos tienen ciertas cosas hasta que tenemos que dejarlas.

Un hombre que trabaja para nosotros tiene una hija de veinte años. Está muy comprometida con Dios y no cede en sus principios. Él me dijo que frecuentemente no la invitan a actividades y salidas con sus amigas porque saben que no accederá a muchas cosas. Eso a ella le duele, dice su papá. Tal vez le duele ahora, pero Dios le recompensará, y ella será mucho más feliz que sus amigas que sí comprometen sus valores.

Yo dejé mi empleo a finales de la década de los setenta para tener tiempo para estudiar la Palabra de Dios como preparación para el ministerio al que creía que Dios me estaba llamando. No podía enseñar la Palabra de Dios si no conocía la Palabra de Dios. No dejé mi empleo porque quisiera, sino porque seguía sintiendo con mucha fuerza que Dios quería que lo dejara. Por mucho tiempo fui desobediente y tenía miedo, y no lo dejé. Sabía que, si lo hacía, nos faltarían cuarenta dólares todos los meses para hacer frente a nuestras facturas regulares y no tendría nada para gastos extra como ropa para los niños, Dave y yo, gastos médicos, reparaciones del automóvil y otras necesidades económicas.

Finalmente dejé ese empleo, pero conseguí un empleo a media jornada. El segundo empleo no salió bien porque Dios quería que Dave y yo dependiéramos totalmente de Él, aunque el hecho de que yo no trabajara nos dejara sin el dinero que necesitábamos para cada mes. Para que yo dejara mi empleo, tuvimos que confiar totalmente en que Dios proveería para el resto de lo que necesitáramos. No es infrecuente que las personas intenten obedecer parcialmente, pero te puedo decir por experiencia propia que eso no sale bien. Me despidieron de mi empleo a media jornada, aunque había tenido varios trabajos y nunca antes me habían despedido de ninguno. Era una buena empleada y trabajaba duro, pero nada de lo que hacía en ese trabajo a media jornada funcionaba porque no era la voluntad de Dios para mí que lo tuviera.

> Hacer la voluntad de Dios no siempre es cómodo, pero es siempre lo mejor para ti.

Hacer la voluntad de Dios no siempre es cómodo, pero al final veremos que es siempre lo mejor para nosotros. Nos daremos cuenta de que lo que Él nos pedía tenía un propósito todo el tiempo, aunque no lo entendiéramos en ese momento. Por seis largos años después de dejar mi empleo nuestra familia vivió mes a mes económicamente necesitando un milagro cada mes

para poder cumplir con nuestras responsabilidades económicas
y pagar otras cosas que teníamos que tener. Fueron años difíciles, pero ahora miro atrás y los recuerdo con cariño porque Dios
suplió para cada una de nuestras necesidades de modo sobrenatural. Personas que ni siquiera conocíamos nos daban dinero
a veces, o encontraba zapatos nuevos para mis hijos en ventas
de segunda mano por dos dólares, o nos devolvían costos que
no esperábamos y que ni siquiera sabíamos que nos correspon-
dían. Dios hacía algo distinto cada vez, pero Él siempre cuidó
de nosotros. Fueron tiempos oscuros para nosotros, pero Dios
dice que nos dará «tesoros escondidos en la oscuridad» (Isaías
45:3), y ciertamente lo hizo. Puede que estos milagros te parezcan pequeños, pero para nosotros fueron grandes. Durante esos
seis años aprendimos a confiar en Dios para recibir nuestra
provisión, y no te puedes hacer una idea de lo mucho que eso
nos ha ayudado a confiar en Dios para las grandes cantidades
de dinero que ahora necesitamos para mantener funcionando
el ministerio cada mes. Como aprendimos a confiar en Dios en
las cosas pequeñas hace años atrás, ahora no nos resulta difícil
confiar en Dios en las cosas grandes. Quizá no entiendes algo
difícil que estás atravesando ahora, pero después puede que veas
cuán importante fue. Dios no malgasta nada en nuestra vida, ni
siquiera nuestro dolor si se lo entregamos.

Aquellos seis años fueron dolorosos, pero a la vez maravillosos. No teníamos todo lo que queríamos, pero teníamos todo
lo que necesitábamos. Dios es bueno, y Él nunca te decepcio-
nará si caminas en su voluntad. Cuando hacemos la voluntad
de Dios, puede que no siempre consigamos lo que queremos,
pero conseguiremos lo que sea mejor
para nosotros aunque no nos lo parezca
en ese momento. Aquellos seis años difíciles finalmente terminaron. Dios nos

> *Dios no malgasta
> nada en tu vida.*

dio más ingresos, y no tuvimos que batallar tanto. No fueron el final de todos tiempos difíciles que hemos enfrentado, pero aprendimos a no resistirnos tanto a la voluntad de Dios, y eso ha aliviado el dolor de las situaciones difíciles que hemos vivido desde entonces.

He estado caminando al lado de una amiga durante un tiempo difícil porque descubrió que su esposo había sido adicto a la pornografía durante todo su matrimonio. Ella quiere que su matrimonio funcione y él también, así que ella está haciendo todo lo que puede para cooperar con el plan de Dios para su restauración. Me dijo: «Joyce, el dolor es tan intenso que no sé si puedo resistirlo». Le di el mismo consejo que te estoy dando a ti: «Relájate y respira». Le expliqué que el dolor está haciendo un agujero más profundo en su alma para que Dios lo llene. También le dije que dejara de intentar averiguarlo todo y que viviera un día cada vez. Tanto ella como su esposo tienen problemas desde su infancia, y los dos reciben consejería. Estoy convencida de que, cuando toda esta situación llegue a su fin, su matrimonio será mejor que nunca, pero tienen que pasar por la dificultad del desierto antes de llegar a la alegría de su tierra prometida.

Jesús, nuestro ejemplo

En Mateo 26 vemos una potente imagen de la disposición de Jesús a ir a la cruz porque era la voluntad de Dios, aunque no quería sufrir la agonía. Los versículos 36–44 (NVI) reflejan lo que Jesús experimentó en Getsemaní:

> Luego fue Jesús con sus discípulos a un lugar llamado Getsemaní y dijo: «Siéntense aquí mientras voy más allá a orar». Se llevó a Pedro y a los dos hijos de Zebedeo y comenzó a sentirse triste y angustiado. «Es tal

la angustia que me invade que me siento morir
—dijo—. Quédense aquí y manténganse despiertos
conmigo». Yendo un poco más allá, se postró rostro
en tierra y oró: «Padre mío, si es posible, no me hagas
beber este trago amargo. Pero no sea lo que yo quiero,
sino lo que quieres tú». Luego volvió adonde estaban
sus discípulos y los encontró dormidos. «¿No pudie-
ron mantenerse despiertos conmigo ni una hora?
—dijo a Pedro—. Permanezcan despiertos y oren para
que no caigan en tentación. El espíritu está dispuesto,
pero el cuerpo es débil». Por segunda vez se retiró y
oró: «Padre mío, si no es posible evitar que yo beba
este trago amargo, hágase tu voluntad». Cuando volvió, otra vez los encontró dormidos, porque se les
cerraban los ojos de sueño. Así que los dejó y se retiró
a orar por tercera vez, diciendo lo mismo.

Creo que este pasaje es un ejemplo perfecto de lo que estoy
hablando en este capítulo. Jesús, como Hijo del Hombre, no quería ir la cruz y enfrentar el sufrimiento que sabía que conlleva-
ría. Sin embargo, como Hijo de Dios quería hacer la voluntad de
Dios más que la suya propia. Dijo acerca de su alma: «Es tal la
angustia que me invade que me siento morir». En otras palabras,
lo que estaba atravesando le dolía tanto que sentía que podría
matarlo. ¿Alguna vez has pasado por algo tan difícil que has
llegado a decir: «Siento que este dolor me va a matar»? Yo sí,
pero todavía sigo aquí y más viva que nunca. Atravesar cosas
difíciles mata la carne (nuestra natura-
leza pecaminosa expresada mediante
nuestro cuerpo, mente, voluntad y emociones), pero cuando la carne muere al
yo, revivimos en el Espíritu. Primera de

> *Cuando la carne muere al yo, revives en el Espíritu.*

Pedro 3:18 dice que esto le ocurrió a Jesús: «Porque Cristo murió por los pecados una vez por todas, el justo por los injustos, a fin de llevarlos a ustedes a Dios. Él sufrió la muerte en su cuerpo, pero el Espíritu hizo que volviera a la vida» (NVI).

Jesús soportó lo que sufrió por nosotros, aunque su carne no quería hacerlo. Nosotros también podemos hacer la voluntad de Dios aunque no queramos. Nuestra carne no tiene que *querer* hacer lo correcto para que decidamos hacerlo. Somos hijos de Dios, pero también somos hijos de la carne. Al alimentarnos de la Palabra de Dios, el Espíritu se fortalece más que la carne y podemos decidir hacer lo que Dios quiere aunque nuestra carne luche contra ello.

Considera estos versículos, y te fortalecerán en tu guerra contra la carne:

Le pido que, por medio del Espíritu y con el poder que procede de sus gloriosas riquezas, los fortalezca a ustedes en lo íntimo de su ser.

Efesios 3:16 NVI

Así pues, los que sufren según la voluntad de Dios, confíen en su fiel Creador y sigan practicando el bien.

1 Pedro 4:19 NVI

Si es la voluntad de Dios, es preferible sufrir por hacer el bien que por hacer el mal.

1 Pedro 3:17 NVI

Ustedes necesitan perseverar para que, después de haber cumplido la voluntad de Dios, reciban lo que él ha prometido.

Hebreos 10:36 NVI

Quiero animarte a que nunca te des por vencido. Habrá momentos difíciles y quizá incluso momentos en los que no sepas si puedes hacer lo que Dios te está pidiendo. Sin embargo, si perseveras, encomiendas tu camino al Señor y quieres la voluntad de Dios más que la tuya propia, darás gloria a Dios y Él te recompensará. No solo leerás acerca de sus promesas sino que también las recibirás.

CAPÍTULO 4

¿Qué piensas?

Porque no nos ha dado Dios un espíritu de cobardía, sino de poder, de amor y de dominio propio.

2 Timoteo 1:7 RVC

La segunda pregunta clave del egoísmo es una que la gente se hace a sí misma a menudo y que guía nuestras palabras y acciones más de lo que pensamos: «¿Qué pienso?». La mente debe ser renovada sobre la base de la Palabra de Dios, y experimentaremos la voluntad de Dios para nuestra vida «buena, agradable y perfecta» (Romanos 12:2). Cuando esto sucede, nuestra mente se convierte en una herramienta poderosa para ayudarnos a ser libres del egoísmo y disfrutar de las bendiciones de una vida enfocada en los demás.

Nuestros pensamientos afectan nuestra voluntad (decisiones) y nuestras emociones. La Biblia dice que tenemos la mente de Cristo, y podemos aprender a pensar como Él pensaba (1 Corintios 2:16). Nadie puede obligarte a pensar de cierta manera. Tú puedes pensar por ti mismo, y con la ayuda de Dios puedes escoger tener pensamientos que hacen que tu vida sea mejor y más feliz, o puedes tener pensamientos que hacen que tu vida sea miserable y causan que te sientas desanimado y deprimido. Si piensas de forma positiva y conforme a la Palabra de Dios tendrás una vida positiva y buena, pero si piensas de forma negativa no disfrutarás tu vida y serás infeliz.

Tenía yo unos cuarenta años cuando aprendí que podía escoger mis propios pensamientos. Antes de eso, simplemente pensaba en lo que llegaba a mi mente. No fue hasta más adelante en mi vida cuando aprendí que muchos de esos pensamientos eran mentiras del diablo, mentiras con la intención de engañarme. Si actualmente tienes pensamientos egoístas y egocéntricos, puedes reemplazarlos por pensamientos enfocados en otras personas y en cómo podrías ayudarles y animarles. Cuanto más hagas esto, más feliz serás. Por ejemplo, cuando dedico tiempo a planificar algo bonito para alguien, me siento más alegre en mi espíritu y en mi alma. Tener pensamientos positivos sobre otras personas es una forma en la que puedes aumentar tu alegría siempre que quieras. Yo he aprendido a escuchar cuando la gente me cuenta lo que le gustaría tener, y si puedo, intento dárselo; a menos, claro está, que hacerlo no sea bueno para ellos.

«Déjame decirte lo que pienso...»

Si nos escuchamos a nosotros mismos y a otras personas, a menudo oiremos comentarios como estos:

- «Bueno, yo creo...»
- «Déjame decirte lo que yo pienso...»
- «En mi opinión...»
- «Esto es lo que yo pienso...»

El problema con querer dar nuestra opinión es que lo que pensamos no siempre está basado en la verdad de la Palabra de Dios o en un conocimiento certero; simplemente queremos que la gente piense que sabemos ciertas cosas, y nos gusta dar consejo y nuestra opinión incluso cuando nadie nos lo ha pedido.

¿Alguna vez le has hecho una pregunta a alguien y sin tan siquiera pensar en ella te responde: «Bueno, así sin darle muchas vueltas», y después ha procedido a darte una opinión? Lo último que necesitamos es que la gente nos diga algo sin pensarlo mucho. Necesitamos dirección de Dios. Y, si vamos a recibir algún consejo, éste tiene que venir de alguien que sepamos que conoce bien el tema. Sin embargo, debido al orgullo todos pensamos que sabemos mucho más de lo que en verdad sabemos.

A veces, juzgamos de forma crítica a personas sobre las que no sabemos mucho, y podemos dañar la reputación de alguien

> *Pensar y hablar son dos de los temas más importantes a estudiar en la Palabra de Dios.*

difundiendo nuestros pensamientos y opiniones por ahí para que otros los oigan. Muchos de nuestros problemas vienen de cosas que decimos y que no deberíamos haber dicho.

Creo que no es muy arriesgado decir que nuestra manera de pensar y de hablar son dos de los temas más importantes a estudiar en la Palabra de Dios. Si pensamos algo y lo creemos, actuaremos en consecuencia, incluso si lo que creemos no es cierto. Cuando esto ocurre, somos engañados. El diablo es el mayor engañador, y su meta es hacernos creer sus mentiras y que terminemos viviendo vidas miserables.

La miseria es casi siempre el resultado de pensar.

—Joseph Joubert[3]

Joseph Joubert conecta la miseria con el pensamiento, pero yo añadiría que es el resultado de pensar *erróneamente*. Debemos dejar que la Palabra de Dios renueve nuestra mente si queremos experimentar la voluntad de Dios (Romanos 12:2). Tendremos que morir a nuestros propios pensamientos y saber que, al margen de lo que pensemos, si no concuerda con la Palabra de Dios entonces nosotros estamos equivocados y Dios está en lo cierto.

¿Cuántas mentiras crees?

Cuando creemos mentiras, pero no sabemos que son mentiras, estamos en una situación muy peligrosa porque vivimos por lo que creemos aunque no sea cierto. Cuanto más estudies la

Palabra de Dios, más conocerás la verdad, y la verdad derrotará y reemplazará las mentiras que puedas creer.

Al diablo también le encanta plantar pensamientos de orgullo en nuestra mente, y esto a menudo da como resultado que juzguemos a otros o que seamos críticos con ellos. El orgullo también hace que nos resulte fácil sentirnos ofendidos. Si alguien te ofende y piensas en la ofensa repetidamente, cada vez te enojarás más y más hasta que probablemente dejes que el enojo explote saliendo de tu boca hacia la persona que te ofendió o incluso hacia otros; o puede que ambos. Necesitamos desesperadamente la paz en nuestra vida, y, como dice Proverbios 13:10: «La soberbia es la madre de las contiendas» (RVC). Si tienes humildad, te darás cuenta de que como tú también cometes errores, puedes escoger creer lo mejor de una persona que te ofendió y perdonarle. Eso es mucho más fácil que enojarte y comenzar una contienda.

Mahatma Gandhi dijo: «El hombre es el producto de sus pensamientos. Se convierte en aquello en lo que piensa»,[4] y estoy de acuerdo. Yo pensaba que, como habían abusado de mí, siempre tendría una vida de segunda categoría; sin embargo, esa era una mentira que el diablo me había dicho durante años. Al estudiar la Palabra de Dios descubrí que Dios restaura cosas y que, al hacernos sus hijos, nos convierte en nuevas criaturas; las cosas viejas pasaron y todas son hechas nuevas (2 Corintios 5:17 RVC). También aprendí que lo que David escribe acerca de Dios en Salmos 23:3 también es cierto: «Confortará mi alma» (RVR1960).

Yo creía que nadie me amaba, pero eso no era cierto porque Dios me amaba. Él siempre lo ha hecho y siempre lo hará. Cuando me sucedían cosas malas, pensaba que Dios me estaba castigando por mis pecados, pero la verdad es que Jesús tomó mi castigo cuando murió en la cruz (Isaías 53:5; Romanos 4:25 NVI).

Los pecados a veces tienen consecuencias, pero las consecuencias no representan un castigo de Dios; las traemos sobre nosotros mismos debido a la desobediencia.

Durante mi juventud no entendía tanto acerca de Dios como ahora. Cuando pecaba y me arrepentía, seguía sintiéndome culpable y creía que Dios estaba enojado conmigo. Pero la verdad es que, cuando Jesús cargó con nuestros pecados, también cargó con la culpa que viene con ellos. Cuando Dios nos perdona, olvida el pecado y lo elimina llevándolo tan lejos como el este está del oeste (Salmos 103:12; Isaías 43:25).

Por muchos años después de comenzar a enseñar la Palabra de Dios, a menudo creía que mis sermones no eran buenos, especialmente si nadie me daba algún elogio después de haber enseñado. Si alguien se iba de la sala mientras yo estaba enseñando, me sentía muy mal porque creía que se iba porque yo, o mi enseñanza, no le gustaba. Tal vez eso no era cierto. Quizá se comió algo que no le cayó bien y tuvo que abandonar la sala, o quizá se tenía que ir a trabajar y de no ser por ello no se hubiera ido.

Si observamos los rostros de la gente o calibramos sus respuestas para determinar si lo estamos haciendo bien o no, quizá nunca nos sintamos bien por nada, porque el diablo siempre puede encontrar y llevar nuestra atención a esa persona que parece aburrida o enojada. Aunque sus sentimientos no tengan nada que ver con nosotros, dejamos que su apariencia o su conducta determine cómo nos sentimos acerca de nosotros mismos.

Tus pensamientos afectan cada área de tu vida.

Nuestros pensamientos determinan nuestro nivel de confianza o falta de la misma. Sin duda, nuestros pensamientos afectan cada área de nuestra vida, y debemos estar atentos a ellos y ser diligentes al asegurarnos de que estén de acuerdo con la Palabra de Dios. Yo llevo destapando las mentiras de Satanás durante años mediante el estudio de la Palabra de Dios, y cada vez que destapo una de ellas aumenta mi libertad. Creo que a ti te ocurrirá lo mismo.

Piensen en estas cosas

Y ahora, amados hermanos, una cosa más para terminar. Concéntrense en todo lo que es verdadero, todo lo honorable, todo lo justo, todo lo puro, todo lo bello y todo lo admirable. Piensen en cosas excelentes y dignas de alabanza.

Filipenses 4:8

Si pudiéramos entrenarnos para tener solamente pensamientos hermosos y excelentes, nuestra vida sería más feliz de lo que podemos imaginar. Nuestro nivel de alegría y paz está conectado a nuestros pensamientos. Permíteme sugerir aquí doce maneras de pensar que te resultarán beneficiosas.

1. Al margen del tipo de dificultad que estés experimentando en este momento, siempre piensa y cree que terminará bien. No te imagines lo peor; cree lo mejor. Mantente lleno de esperanza, lo cual significa esperar que va a ocurrir algo bueno.

2. No te preocupes. Eso solo te enojará más y no hará nada para resolver el problema. Los pensamientos de inquietud se pueden vencer, y puedes decidir pensar que vas a confiar en Dios. Recuerda otras veces en las que Dios te ayudó.

3. Cuando pienses en personas que conoces, no pienses en sus defectos. Más bien, piensa en sus fortalezas. Piensa

en las cualidades que te gustan de ellas, no en las que te molestan.

4. Cuando pienses en ti mismo, no recrees en tu mente todo lo que piensas que está mal. Más bien, recuerda que eres hijo o hija de Dios y que Él te ama incondicionalmente. Él te creó, y Él no comete errores. Piensa en tus fortalezas y habilidades, y no en tus defectos.

5. No te enfoques en los errores del pasado o en cosas dolorosas que te sucedieron. Mira al futuro y cree que Dios tiene cosas buenas planeadas para ti.

6. No te permitas a ti mismo tener pensamientos de autocompasión. Piensa en cuán bendecido eres, no en cuán agraviado estás. No pienses en lo que la gente *no* hará por ti; más bien, enfócate en lo que *hacen* por ti.

7. Piensa en lo que tú puedes hacer por ayudar a otras personas y hacerles felices.

8. Mantén tu mente en lo que estás haciendo y aprende a estar mentalmente presente. Yo tengo la mala costumbre de hacer una cosa mientras pienso en la siguiente, pero Dios me está ayudando con esto.

9. Deja que tu mente se llene de agradecimiento. Piensa en todo lo que tienes para estar agradecido; expresa tu gratitud a Dios y a las personas que te ayudan y hacen cosas por ti.

10. No te compares con otros. Sé tú mismo y no tengas celos de lo que otros tienen o pueden hacer.

11. Ten una mente humilde, y no pienses de ti más alto de lo que debes (Romanos 12:3). Más bien, comprende que la gracia de Dios te ha concedido talentos, habilidades y dones. Según Filipenses 2:5-8, hemos de permitir que habite en nosotros la misma mente que tenía Jesús.

Aunque Él era igual a Dios, fue humilde como para hacerse como un siervo para todos y ser obediente para morir en una cruz para salvarnos de nuestros pecados.

12. No tengas miedo. Todos tenemos que hacer cosas que no son nuestras favoritas, pero tener miedo solo empeora las cosas. Cuando tengas una tarea que hacer y no la esperes con ganas, pídele a Dios que te ayude con ella. No pienses en ello hasta que llegue el momento de hacerlo, y después hazlo.

Estas doce maneras de pensar pueden transformar tu vida. Renovar la mente requiere tiempo y sucede poco a poco, así que no esperes levantarte mañana con una mentalidad totalmente nueva y capaz de mantenerla. Sin embargo, puedes comprometerte a incorporar estas maneras de pensar a tu mentalidad y pedirle al Espíritu Santo que te ayude. Podrías incluso considerar enfocarte en una de ellas cada mes durante los doce meses del próximo año. De ese modo, el año que viene a estas alturas habrás hecho un gran progreso y habrás comenzado a construir un cimiento fuerte para un crecimiento continuo y un cambio en tu modo de pensar.

¿Por qué? ¿Por qué? ¿Por qué?

Malgastamos mucho tiempo intentando saber por qué las cosas son como son. Deberíamos reemplazar nuestros pensamientos de tipo *por qué* por pensamientos de confianza en Dios. La Biblia está llena de versículos que hablan sobre confiar en Él, y cuanto más los estudiemos y meditemos en ellos, más fácil nos resultará confiar en Dios en lugar de razonar con nosotros mismos. Uno de mis pasajes favoritos es Proverbios 3:5–6:

> Confía en el Señor con todo tu corazón; no depen-
> das de tu propio entendimiento. Busca su voluntad
> en todo lo que hagas, y Él te mostrará cuál camino
> tomar.

Un pastor que conozco y respeto perdió a su preciosa esposa debido a un cáncer. Él había sido un pastor fiel y comprometido por muchos años. Él, su familia y la iglesia oraron diligentemente por su esposa para que fuera sanada, pero aun así murió. Lo que él le dijo a Dios fue esto: «Nunca te preguntaré por qué», y después oró para que Dios le ayudara a manejar bien la situación para poder ser un buen ejemplo para su familia, su iglesia y sus amigos. Creo que eso fue absolutamente maravilloso y asombroso. En un tiempo en el que su propio dolor era devastador, él estaba pensando en los demás.

No está mal preguntarle a Dios por qué, pero Él no siempre responde las preguntas de tipo *por qué*. La pauta que yo sigo es esta: puedo preguntar por qué y razonar hasta que comience a confundirme. En ese momento sé que he ido demasiado lejos, porque la confusión no es de Dios (1 Corintios 14:33). Hay muchos misterios escondidos en Dios, y tanto a nosotros como a los demás nos suceden cosas que nunca entenderemos hasta que no estemos en el cielo. Dios desea que confiemos en Él por completo, y no tendríamos que hacer eso si supiéramos todas las respuestas. Ahondar demasiado en por qué sucedió algo puede abrir la puerta al engaño, el cual finalmente puede llevar a una persona a comenzar a creer cosas sobre Dios que no son ciertas. Nunca culpes a Dios de tus problemas, porque Él no es el causante de nuestro dolor. El pecado, ya sea un pecado personal o los efectos de vivir en un mundo pecaminoso, es la fuente del dolor. Si estás

> *Dios desea que confíes en Él por completo.*

enojado con Dios en lo más mínimo porque no crees que algo sea justo, o porque no entiendes algo que te ha sucedido, pídele que te perdone y recuerda que Dios es quien te *ayuda*, no quien te *lastima*.

Exalta la Palabra de Dios por encima de tu propio pensamiento

Morir a nuestro propio pensamiento significa que no exaltamos lo que pensamos por encima de la Palabra de Dios. Si lo que pienso no concuerda con la Palabra de Dios, entonces muero a mi pensamiento y acepto su Palabra como la

> *No exaltes lo que piensas por encima de la Palabra de Dios.*

verdad. Como mencioné anteriormente, la naturaleza humana disfruta pensando que sabemos más de lo que en verdad sabemos. Job sufrió terriblemente y pensaba que no merecía toda esa angustia, así que cuestionó la justicia de Dios. Job quería saber por qué le habían ocurrido tantas cosas terribles.

En Job 38–41, Dios habla de muchos misterios en el universo y de las cosas grandes que Él ha hecho, y Job finalmente se da cuenta de que no tiene derecho de cuestionar a Dios. Cuando Dios le pide a Job que responda a sus preguntas, algo que es incapaz de hacer, Job le dice al Señor:

Sé que todo lo puedes, y que nadie puede detenerte. Tú preguntaste: «¿Quién es este que pone en duda mi sabiduría con tanta ignorancia?». Soy yo y hablaba de cosas sobre las que no sabía nada, cosas demasiado maravillosas para mí. Tú dijiste: «¡Escucha y yo hablaré! Tengo algunas preguntas para ti y tendrás que contestarlas». Hasta ahora solo había oído de ti, pero ahora te he visto con mis propios ojos. Me retracto de todo lo que dije, y me siento en polvo y ceniza en señal de arrepentimiento.

Job 42:2–6

Al igual que Job, todos tenemos nuestros propios pensamientos, y solemos estar seguros de que aquello que pensamos es lo correcto; sin embargo, también al igual que Job, finalmente sabremos que Dios tiene la razón en todo lo que hace. Cuando Job se arrepintió y oró por sus amigos, quienes lo culpaban de sus problemas, Dios le dio a Job el doble de lo que tenía antes (Job 42:10).

Deberíamos reverenciar a Dios y saber que Él nunca es injusto. Al margen de qué seamos tentados a pensar, deberíamos morir a nuestros propios pensamientos y exaltar por encima de nuestras opiniones los pensamientos de Dios, representados en su Palabra.

CAPÍTULO 5

¿Cómo te sientes?

Mejor es ser paciente que poderoso; más vale tener control propio que conquistar una ciudad.

Proverbios 16:32

La tercera pregunta clave que tenemos que examinar para alejarnos del egoísmo y acercarnos a otros y a una mayor libertad y alegría es: «¿Cómo me siento?». Esta pregunta es muy importante porque las emociones son fuertes, y si se lo permitimos, terminaremos con mucho lamento y pesar.

Si sigues las emociones, terminarás con lamento y pesar.

Hay emociones buenas y emociones malas. Deberíamos aprender a disfrutar las buenas y no permitir que las negativas nos controlen. No podemos ser guiados por cómo nos sentimos, porque los sentimientos no siempre nos dicen la verdad con respecto a las situaciones que vivimos. Podemos sentir que algo es realmente horrible cuando puede que en verdad sea algo bueno para nosotros.

Creo firmemente que las emociones son el enemigo número uno del creyente. No creo exagerar si digo que el tema del que más hablan las personas con nosotros es de cómo se sienten. Nos dicen cómo se sienten físicamente, pero también nos dicen cómo se sienten emocionalmente. Escucho frases como estas, y estoy segura que tú también:

- «Siento que nadie me ama».
- «Me siento culpable».
- «Siento que no encajo».
- «Me siento inseguro».
- «Siento que no estoy progresando a la hora de superar mis problemas».
- «Me siento desanimado».

- «Me siento deprimido».
- «Siento que debería darme por vencido».

Estas frases y otras parecidas representan emociones negativas que no producirán buenos resultados si se lo permitimos. Además, no están en consonancia con la Palabra de Dios.

Las emociones positivas son maravillosas. Nos vigorizan y nos motivan. Un día de la semana pasada no me sentía ni bien ni mal. Era solo un día normal, y entonces me dieron una buena noticia. Unos minutos después me dieron más noticias buenas, y sentí que la alegría llenaba mi alma. Esos tiempos son estupendos aunque no suceden todos los días, así que debemos aprender a estar satisfechos con lo que yo llamo «la emoción nivelada», refiriéndome a una emoción que no es ni alta ni baja, sino simplemente normal y estable. Esto es importante porque es el modo en que viviremos la mayor parte de nuestra vida. He observado dos maneras en las que puedo aumentar a propósito las emociones que nos hacen sentir bien: una es ser positiva todo el tiempo, y la otra es pensar en lo que puedo hacer por los demás. Ambas cosas me producen alegría.

La personalidad desempeña un papel importante en cómo nos sentimos emocionalmente. Yo soy una persona seria. Tengo una personalidad tipo A y estoy orientada a las metas, soy de esas personas que quieren terminar el trabajo independientemente de cómo me sienta. La mayor parte del tiempo mis emociones están niveladas, no sufren altibajos y se mantienen estables. Sé cómo divertirme, pero también estoy muy contenta cuando trabajo porque los logros me motivan. Hay veces en las que mis emociones suben, e incluso hay veces en las que bajan, especialmente si trabajo demasiado y me canso mucho. Pero todos necesitamos un equilibrio en nuestra vida, o de lo contrario

abriremos una puerta al diablo para que entre y cause cualquier
tipo de problemas (1 Pedro 5:8).

Las personas con personalidades diferentes a la mía, principalmente los que son sanguíneos, están felices, contentos, emo-
cionados y listos para pasarla bien la mayor parte del tiempo. Los
llamamos «el alma de la fiesta» porque llevan consigo diversión
dondequiera que van. Pueden tener tendencia a ser indisciplina-
dos, y si no tienen cuidado tomarán decisiones emocionales que
causarán problemas en su vida. Yo solía pensar que estas personas eran más espirituales que yo porque parecían estar siempre
de buen humor y con mucha energía, mientras que yo era más
seria. Sin embargo, una de esas personas llenas de energía me
dijo una vez: «No pienses que soy más espiritual que nadie. Es
solo que nací así, y mi papá era igual». Dios nos hace a todos
distintos, y esto es bueno porque nos necesitamos unos a otros.

Conozco a una mujer que tiene emociones «altas» muy extremas casi todo el tiempo, y de repente tuvo un colapso nervioso
porque nunca dedicó tiempo a apenarse por ninguna de las graves pérdidas que se habían producido en su vida. Su actitud alegre enmascaraba a veces su dolor. Todos quedamos asombrados
cuando ella pasó de un extremo a otro, pero este ejemplo es una
prueba más de que necesitamos tener balance.

Pablo escribe en Filipenses 4:11, «*he aprendido* a estar contento», ya sea que tuviera abundancia o carencia de algún tipo
(énfasis de la autora). En este versículo, la Biblia Amplificada
(traducción libre) describe *contento* como «satisfecho hasta el
punto de no estar afectado o inquieto». Me alegro que diga que
ha *aprendido* a estar contento, porque aprender a lidiar con nuestras emociones toma tiempo y práctica, y por lo general, tenemos
que pasar por varias situaciones en las que tomamos malas decisiones basados en las emociones y no en la sabiduría. Después

de haber lidiado con los efectos secundarios de esas emociones, aprendemos a no confiar en nuestras emociones.

Los sentimientos no siempre nos dicen la verdad

Los sentimientos son volubles, y por lo general no nos informan cuando van a cambiar. Parece que tienen energía propia. Puede que nos vayamos a la cama con ganas de hacer algo al día siguiente, y cuando despertamos en la mañana no tenemos ganas de hacerlo. Si las personas basan sus decisiones en las emociones, pueden vivir fácilmente sin integridad ni principios. Dios nos enseña que es muy importante que cumplamos nuestra palabra (Eclesiastés 5:2, 4–5) y, sin embargo, muchas personas en nuestra sociedad hoy día no se toman en serio este principio, en parte porque tomamos demasiadas decisiones basándonos únicamente en las emociones, y cuando nuestros sentimientos cambian, nosotros también cambiamos con ellos a menos que aprendamos a tomar las decisiones correctas al margen de cómo nos sintamos.

> No agradamos a Dios ni en lo más mínimo cuando no cumplimos nuestra palabra.

Yo les he dicho a personas que iba a hacer cosas cuando mis emociones estaban en lo más alto, y después no quise hacer esas cosas; sin embargo, he aprendido que no agrado a Dios ni en lo más mínimo cuando no cumplo mi palabra, así que hago lo que dije que haría al margen de cómo me sienta. Salmos 15:4 habla bien de la persona que «que cumple lo prometido aunque salga perjudicado» (NVI). ¿Recuerdas algún compromiso que hiciste, aunque aparentemente sea menor, y que no hayas cumplido? En ese caso, te recomiendo mucho que lo cumplas, o al menos que le digas a la persona involucrada que sientes no haber cumplido lo que dijiste.

Domina tus emociones

Si no dominamos nuestras emociones, ellas nos dominarán a nosotros. Las emociones son una fuerza feroz, y las negativas a menudo son las culpables detrás de la mayoría de nuestro pecado. Las emociones pueden hacer que la gente tenga relaciones extramatrimoniales y cometa adulterio. A menudo hacen que la gente no termine lo que comienza. Y pueden meter a muchos adolescentes en todo tipo de problemas que con frecuencia los desvían de su futuro. Los adolescentes son especialmente vulnerables a las emociones porque sienten ciertas cosas por primera vez, pero no suelen ser lo suficientemente maduros para decir no a los sentimientos que les causarán problemas, porque aún no han tenido la experiencia necesaria para entenderlos. Si sus padres les enseñan bien, pueden evitar cometer errores emocionales, pero si no, tendrán que aprender la lección por las malas.

Quizá no puedas controlar cómo te sientes, pero sí puedes controlar lo que haces.

Algunos adolescentes puede que estén tan desesperados por ser aceptados por sus iguales que hacen cosas que saben que están mal solo para sentir que son parte de un grupo. Esto puede ser triste, porque a menudo aprenden más adelante que las personas a las que tanto querían agradar realmente no tienen un interés real en ellos. Agradar a la gente para conseguir aceptación nunca termina bien.

Así como puedes controlar tus pensamientos, también puedes controlar tus emociones. Quizá no puedas controlar cómo te sientes, pero sí puedes controlar lo que haces. No tienes por qué seguir a tus emociones. He escrito dos libros sobre las emociones: *Controlando sus emociones*, que se ha dejado de imprimir pero está disponible de segunda mano o quizá en tu librería, y *Vive por encima de tus sentimientos*, el cual te recomiendo leer si te resulta especialmente difícil lidiar con tus sentimientos.

Algunas personas entierran sus emociones y fingen que no son un problema, pero esto puede ser más devastador que expresarlas apropiadamente. No queremos negar que tenemos emociones o meramente intentar ignorarlas; simplemente queremos evitar que nos controlen. Esto requerirá la ayuda del Espíritu Santo, y Él está más que dispuesto a darnos la ayuda que necesitamos si se lo pedimos. Las personas que siempre siguen sus emociones no andarán en el Espíritu. Serán cristianos almáticos y carnales.

Entregarse a la carne

Entregarse a la carne significa hacer lo que nuestras emociones quieran que hagamos, que es seguirlas. Satanás actúa a través de nuestras emociones para controlarnos y causar problemas en nuestra vida. Romanos 8:8 dice: «Por eso, los que todavía viven bajo el dominio de la naturaleza pecaminosa nunca pueden agradar a Dios».

A Dios no le agrada una vida llena de la carne. Él quiere que seamos guiados por su Espíritu, porque nos guiará a la vida buena y abundante que Jesús murió para que tuviéramos. Pablo escribe en Romanos 8:13-14:

> Pues, si viven obedeciéndola, morirán; pero si mediante el poder del Espíritu hacen morir las acciones de la naturaleza pecaminosa, vivirán. Pues todos los que son guiados por el Espíritu de Dios son hijos de Dios.

Dios nos dice que tenemos que hacer morir los dictados de la carne, y lo hacemos negándoles el derecho a controlarnos. Si cedemos a ellas, las alimentamos y se mantienen fuertes, pero podemos matar cualquier cosa de inanición. Si no seguimos alimentando las emociones dañinas, perderán su fuerza y su poder sobre nosotros.

Recuerdo todas las veces que sentía lástima de mí misma cada vez que no conseguía lo que quería. Cuando hacía eso, seguía fortaleciendo la emoción de la autocompasión. Sin embargo, cuando comencé a negarla orando en medio de mi decepción por no tener lo que quería y confiando en lo que Dios sabía que era mejor para mí, la emoción de la autocompasión perdió su poder sobre mí de manera lenta pero segura. Por la gracia de Dios, ahora pocas veces malgasto mi tiempo sintiendo lástima de mí misma.

> *Estás creciendo espiritualmente cuando haces lo correcto en el momento que tienes ganas de hacer lo incorrecto.*

Cuando hacemos lo correcto en el momento que tenemos ganas de hacer lo incorrecto, crecemos espiritualmente y agradamos a Dios en lugar de agradar a nuestra carne. Cada vez que hacemos esto, nuestro verdadero yo (el yo espiritual) se hace más fuerte y la carne más débil.

La traducción en la Biblia Amplificada de 1 Corintios 3:3 indica que los corintios no eran «espirituales» y tenían la naturaleza de la carne porque estaban «bajo el control de impulsos comunes». En otras palabras, estaban siguiendo sus propios deseos (voluntad), pensamientos y emociones. Hacían lo que *pensaban* que era lo mejor, lo que *querían* hacer y lo que *sentían* hacer. Esto es lo que hacen las personas cuando andan en la carne; y estos son también los componentes del egoísmo del que Dios quiere liberarnos para que podamos vivir totalmente para Él.

Cada vez que tomamos una decisión, sembramos para la carne o sembramos para el espíritu. Si sembramos para la carne cosecharemos ruina, decadencia y destrucción, pero si sembramos para el espíritu cosecharemos vida eterna (Gálatas 6:8).

Te animo a no vivir solo para el momento, haciendo lo que te hace sentir bien en cada instante. Más bien, piensa en el futuro. Lo que hagamos hoy determinará cómo serán los días de nuestro futuro.

Si me enojo por algo que Dave dice o hace, solo tengo dos opciones: puedo seguir enojada e ignorarlo o discutir con él, o puedo perdonarlo y orar y confiar en que Dios nos ayude a lidiar con la situación como dos adultos maduros.

Perdonar a alguien cuando estás enojado no es fácil. Requiere una decisión y la fuerza de Dios para ayudarte a llevar a cabo la decisión. Creo que Satanás gana más terreno en la vida del creyente mediante la falta de perdón que mediante cualquier otra cosa. Es triste que muchos cristianos están enojados con alguien y andan resentidos con esa persona en sus corazones.

> Satanás gana más terreno en la vida del creyente mediante la falta de perdón que mediante cualquier otra cosa.

Probablemente podemos pensar siempre en alguien con el que podemos estar enojados si vivimos por nuestras emociones, pero ese es un modo de vivir desagradable y peligroso. ¿Por qué es peligroso? Según Efesios 4:26-27, el enojo puede dar lugar al diablo en nuestra vida. Además de eso, según 2 Corintios 2:10-11 deberíamos perdonar para impedir que el diablo consiga ventaja sobre nosotros. Cuando Dios nos dice que perdonemos, es para nuestro propio beneficio. Somos liberados del dolor que nuestros enemigos nos han infligido cuando lo soltamos y confiamos en que Dios nos haga justicia.

Cuando quiero hacer el bien, siempre hago el mal

En Romanos 7:15–8:1 Pablo dice que quiere hacer lo correcto, pero en lugar de eso hace lo malo. Esto le resultaba confuso, y creo que todos nos podemos identificar con ello. Es frustrante cuando queremos y planificamos hacer lo bueno, pero terminamos haciendo lo malo. A menudo he dicho que puedo estar tumbada en la cama en la mañana y planear ser santa todo el día, y funciona hasta que pongo los pies en el piso. Poco después, mi plan de ser santa deja de funcionar.

Nos preguntamos, como debió haber hecho Pablo: «¿Qué me pasa?». Él siguió diciendo que, si hacía lo que no quería hacer, realmente no lo estaba haciendo él sino que lo hacía el pecado que moraba en él. La Biblia Amplificada en Romanos 7:20 lo llama «el [principio del] pecado» que estaba «operando en mi alma» (traducción libre).

En este punto, podemos quedar confundidos si no entendemos a qué se refiere aquí Pablo. Estaba hablando sobre su nueva naturaleza (su ser interior que había sido recreado en Cristo) y su vieja naturaleza, la cual, aunque había sido crucificada con Cristo doctrinalmente y posicionalmente, aún estaba aferrada a su carne y le conducía a hacer lo que no quería hacer. Nunca estaremos completamente libres de la carne hasta que muramos, pero podemos seguir mejorando todo el tiempo.

Pablo concluye esta sección de Romanos diciendo que él era un verdadero desastre como persona y preguntando quién lo libraría del cuerpo de muerte que le estaba causando tantos males. Después responde a su propia pregunta con una noticia maravillosa para todos nosotros. Escribe: «¡Gracias a Dios! [¡Él lo hará!] ¡mediante Jesucristo (el Ungido) nuestro Señor!» (Romanos 7:25). Termina diciendo en Romanos 8:1: «Por tanto, no hay ninguna condenación para los que están unidos a Cristo Jesús, los que no andan conforme a la carne, sino conforme al Espíritu» (RVC).

Cuando no hacemos lo correcto, podemos gestionarlo de dos maneras: andando en la carne o andando en el Espíritu. Si andamos en la carne, nos sentiremos culpables de actuar mal, y lo que la culpa hace es agotarnos y dejarnos ineficaces para que Dios nos use. Sin embargo, si gestionamos nuestros errores conforme al Espíritu, confesamos nuestro pecado y confiamos en que Dios nos cambie, sabiendo que no podemos cambiarnos por nuestros propios esfuerzos. Soltamos el pasado y avanzamos a lo que tenemos delante (Filipenses 3:13).

> Hay una gran diferencia entre debilidad y maldad.

Hay una gran diferencia entre debilidad y maldad. Pablo seguía siendo débil en algunas áreas, pero no era malvado. Lo que quería más que nada era hacer la voluntad de Dios todo el tiempo. Muchas personas hoy tienen el mismo deseo, y afortunadamente Dios ve nuestro corazón. La santificación es un proceso continuado que actúa en nosotros a lo largo de toda nuestra vida poco a poco, haciéndonos cada vez más semejantes a Jesús. Mientras estamos cambiando, podemos seguir disfrutando una vida maravillosa con Dios por medio de Cristo. No tenemos que vivir en culpabilidad y condenación porque «la ley del Espíritu de vida en Cristo Jesús», que está en nosotros «me ha librado de la ley del pecado y de la muerte» que intenta mantenernos cautivos (Romanos 8:2 RVC).

John Newton, un traficante de esclavos que fue transformado por Cristo, lo expresó muy bien de este modo: «No soy lo que debo ser, no soy lo que quiero ser, no soy lo que espero ser en otro mundo; pero no soy lo que solía ser, y por la gracia de Dios soy lo que soy».[5]

Cuando Jesús regrese a buscarnos en la trompeta final, todos seremos transformados en un abrir y cerrar de ojos (1 Corintios 15:51-52). Creo que esto significa que todo lo que quede en nosotros aún sin santificar será perfeccionado en ese momento. Ese día será glorioso, y anhelo que llegue. Sin embargo, hasta entonces haré todo lo posible para no permitir que lo que quiero, pienso y siento me controle. Y, cuando cometa errores, pediré y recibiré el perdón misericordioso de Dios. Como un bebé que comienza a caminar, cuando me caiga me levantaré y lo intentaré otra vez.

PARTE 3

Sé un seguidor de Jesús obediente

CAPÍTULO 6

Andar en el Espíritu, Parte 1

Digo, pues: Andad por el Espíritu, y no cumpliréis el deseo de la carne.

Gálatas 5:16 LBLA

Es importante entender la idea de andar en el Espíritu si queremos vivir esa vida desprendida que Dios quiere que vivamos. Significa rendir nuestro corazón y nuestra mente al Espíritu de Dios, permitiéndole que nos guíe y obedeciendo sus impulsos para que no gratifiquemos los deseos de nuestra carne. Creo que es importante decir aquí que andar en el Espíritu no es algo que podamos hacer de forma automática simplemente por ser creyentes. Es algo que debemos buscar con un celo ardiente, orar por ello, aprender y practicar. Como creyentes, tenemos en nuestro interior la capacidad de andar en el Espíritu, y el Espíritu Santo nos ayudará a hacerlo y nos enseñará cómo vivir la nueva vida que debemos vivir; sin embargo, es un proceso y se produce poco a poco a medida que crecemos espiritualmente. Te animo a que seas paciente y aprendas a disfrutar del viaje.

> Si quieres hacer lo correcto, tu vida no tiene espacio para lo incorrecto.

La mayoría de nosotros luchamos con nuestras tentaciones y problemas, pensando que si podemos derrotarlos seremos capaces de vivir de forma piadosa. Gálatas 5:16 dice justo lo contrario. Nos enseña a enfocarnos en andar en el Espíritu, y *entonces* no cumpliremos los deseos de la carne. Si queremos hacer lo correcto, no hay espacio en nuestra vida para lo incorrecto. Si pensamos en cosas buenas, no habrá espacio en nuestra mente para pensar en cosas malas. La historia de Susan ilustra muy bien este punto:

La historia de Susan

Tuve una adicción durante treinta años. Era una adicta funcional. Trabajaba, pero toda mi vida fuera de mi trabajo se enfocaba en mí. Cuando eres adicta, tu vida gira en torno a drogarte. No conozco a ningún adicto que no piense en sí mismo excesivamente. Solo quieres sentirte mejor, pero nunca te sientes mejor debido a la culpa y la vergüenza de drogarte; un círculo vicioso.

Al entregar mi vida a Cristo y aceptar su amor por mí, Él no solo me liberó de mi adicción, sino que también me enseñó una lección importante sobre amar a otras personas. Si no hubiera desarrollado un estilo de vida de ayudar a otros, podría haber recaído en la adicción. Dios sabía que tenía que sacar mi mente de mí misma y ponerla en otros para vivir la vida que tengo hoy. Me doy cuenta ahora de que la razón número uno para estar atada es tener tu mente demasiado enfocada en ti mismo.

Dios me ha enseñado que no todo se trata de mí, y me ha mostrado la importancia de darme cuenta de que Él es Dios y que me ama. Soy importante para Él, y otras personas son igual de importantes para Él. Tengo que amar a esas personas como Él las ama e intentar darle honor y gloria por mi modo de comportarme con otros.

Comencé un ministerio en la cárcel tres años después de ser salva. Sentí que Dios me llamaba a servir así, aunque nunca había estado presa. Debido a mi lucha con la adicción puedo identificarme con las mujeres de la cárcel y a menudo entender qué les lleva a estar entre rejas. Diría que el noventa por ciento de las mujeres con las que hablo lidian con el abuso de sustancias.

Muchas personas en este mundo tan solo necesitan una mano, alguien que les ayude. Lo que tengo es

porque Dios me ha bendecido, y por eso, y con eso,
quiero bendecir a otros lo mejor que pueda.

La lucha para resistir la carne

Derek Prince dijo: «Esforzarte por vivir la vida cristiana por tus
propios esfuerzos es el mayor obstáculo para andar en el Espíritu».[6] Cuando intentamos vivir como cristianos por nuestros
propios esfuerzos, estamos viviendo según la carne. Confiamos
en lo que podemos hacer en nuestras propias capacidades y
nuestra fortaleza humana, no en lo que Dios puede hacer por su
Espíritu. Esto es exactamente lo que yo hice por muchos años, y
muchas personas que quieren vivir para agradar a Dios también
intentan hacerlo.

Dios dice: «No por el poder ni por la fuerza, sino por mi Espíritu» (Zacarías 4:6 LBLA). No podemos resistir la carne mediante
nuestros propios esfuerzos. Otro modo de decir esto es: «No
podemos resistir la carne mediante el poder de la carne». Necesitamos la ayuda del Espíritu Santo (Romanos 8:26). Debemos
humillarnos bajo la poderosa mano de
Dios, recordando que «Dios resiste a los

> No puedes resistir la
> carne mediante tus
> propios esfuerzos.

soberbios, pero da gracia a los humildes» (1 Pedro 5:5 LBLA) y creer que a su
debido tiempo Él nos exaltará (1 Pedro
5:6). Pídele siempre a Dios que te ayude, y cuando hayas experimentado la victoria, dale siempre gracias por su ayuda.

Durante mucho tiempo, cuando me veía ante obstáculos al
intentar hacer lo que creía que Dios quería que hiciera, pensaba que el diablo me estaba resistiendo, intentando impedir
que tuviera éxito. Esto me resultaba confuso. No dejaba de preguntarme por qué Dios no me ayudaba a obedecerlo. La razón
era que no le había pedido que me ayudara. Confiaba en mis

propios esfuerzos, no en Jesús, quien dice: «separados de mí no pueden ustedes hacer nada» (Juan 15:5 NVI). Entonces, finalmente vi que *Dios* resiste al orgulloso. Yo estaba llena de orgullo, y Dios no me iba a ayudar hasta que no me humillara y le pidiera la ayuda que necesitaba. Santiago 4:2 dice: «Sin embargo, no tienen lo que desean porque no se lo piden a Dios». Estoy segura de que nos asombraríamos si supiéramos lo que nos estamos perdiendo simplemente por no pedir.

Al resistir la carne y andar en el Espíritu podemos hacer lo que nos enseña 1 Pedro 5:7 y echar nuestra ansiedad sobre Dios sabiendo que Él cuidará de nosotros. Esto incluye el afán (ansiedad, preocupación) de moldear nuestra vida a imagen de Jesucristo. Deberíamos echar nuestra *ansiedad* sobre Dios pero no nuestras *responsabilidades*. Siempre deberíamos hacer lo que podamos, pero no intentar hacer lo que solo Dios puede hacer.

Pedro sigue escribiendo:

> En su bondad, Dios los llamó a ustedes a que participen de su gloria eterna por medio de Cristo Jesús. Entonces, después de que hayan sufrido un poco de tiempo, él los restaurará, los sostendrá, los fortalecerá y los afirmará sobre un fundamento sólido.
>
> 1 Pedro 5:10

¿Por qué tenemos que sufrir antes de que Dios nos convierta en lo que debiéramos ser? Incluso después de haberle pedido ayuda a Dios, por lo general tenemos que esperar un tiempo, y es entonces cuando sufrimos. Esto nos ayuda a aprender a apoyarnos en Dios primeramente la próxima vez que nos veamos ante una situación parecida. Solo Dios

El verdadero cambio se produce desde el interior y no desde el exterior.

puede cambiar a las personas, porque el verdadero cambio se produce desde el interior y no desde el exterior.

Podemos controlar nuestra conducta hasta cierto grado, pero hasta que los deseos de nuestro corazón cambien, siempre batallaremos con la carne. Esta batalla no es el deseo de Dios para nosotros; su deseo es que descansemos en Él. Cuando acudimos a Jesús por primera vez y deseamos andar en el Espíritu Santo, Él comienza a mostrarnos de manera lenta y estratégica las conductas que debemos cambiar. Él sabe el tiempo perfecto de nuestra vida para captar nuestra atención con respecto a esos ajustes que son necesario. Probablemente podrías nombrar algo ahora mismo que Dios está tratando contigo. Cuanto antes te sometas a Él, más feliz serás. Él no empieza a actuar en nuestra vida hasta que nos rendimos a su voluntad y le pedimos ayuda.

La Palabra de Dios es como un espejo. Cuanto más nos miramos en ella, más vemos nuestra conducta a la luz de la conducta de Jesús. Puedo tener barro en toda mi cara y no darme cuenta hasta que me miro en un espejo, y así es como actúa la Palabra de Dios. Nos enseña lo que deberíamos y podemos ser comparado con lo que somos en este momento. Esto no es para que nos sintamos condenados, sino para que podamos sentir convicción y después arrepentirnos y pedirle a Dios que nos cambie. Recuerda siempre que la culpa y la condenación son inútiles; no conseguimos nada con ellas.

Dios nos cambia, pero el cambio es un proceso, y debemos ser pacientes porque no se produce de manera inmediata. Cuando le entregamos algo a Dios, tenemos que confiar en que Él se está ocupando de ello y no pensarlo más. Dios quiere que creamos lo que promete antes de que lo veamos, así que cree que Dios te está cambiando. Él nos cambia poco a poco, como nos enseña 2 Corintios 3:18: «cada vez tenemos más de su gloria». Yo he llegado al punto de apreciar genuinamente la convicción (ser consciente del pecado) del Espíritu Santo. Estoy agradecida de que Dios me ame tanto como para no dejarme como estoy. Quiero seguir creciendo, y la convicción es parte del proceso.

Digamos que tiendo a ser celosa, y reconozco este sentimiento como pecado y me arrepiento, pidiéndole a Dios que me cambie. Como el cambio no se producirá al instante, cada vez que soy tentada a tener celos simplemente tengo que decir: «Señor, sé que estás obrando en esto, y confío en que me estás cambiando». Puedo resistir la tentación, pero no puedo cambiar el deseo de ser celosa porque solo Dios puede cambiar mi corazón, y lo hará. Incluso podemos declarar, según la Palabra de Dios: «Yo ando en amor, y no soy celoso». Declarar nuestra fe en base a la Palabra de Dios es bueno.

Algo que a veces me ha resultado efectivo a la hora de lidiar con los celos o el rencor hacia alguien es hacer algo bueno por esa persona: quizá elogiarle, hacerle un regalo o hacerle un favor. El bien siempre vence al mal (Romanos 12:21), y demostrar amor a alguien que te ha ofendido es la mejor manera de romper el poder de los malos sentimientos hacia ella. Orar por ellos también ayuda tremendamente. Es difícil estar enojado o tener celos de alguien cuando estás orando por esa persona.

Recuerdo a una mujer que me había herido profundamente. En verdad había estado trabajando a mis espaldas para intentar que me sacaran de un puesto de enseñanza que tenía en mi iglesia para poder ocuparlo ella. Sus esfuerzos no tuvieron éxito, pero verla en la iglesia semana tras semana y no tener sentimientos negativos hacia ella me resultaba muy difícil. Pasó el tiempo, y seguía luchando con la ira y el rencor que sentía hacia ella. Entonces Dios puso en mi corazón la idea de regalarle algo que yo apreciaba mucho y de lo que no quería desprenderme, y menos para dárselo a ella. Me tomó un tiempo, pero finalmente obedecí a Dios, y el don de dar rompió el poder del pecado de la ira y el rencor que había en mí. Cuando esto sucedió, me sentí libre.

La Palabra de Dios es como medicina, y recomiendo mucho que no solo la leas al azar. Por supuesto que puedes seguir un programa de lectura diaria si quieres, y hacerlo es una buena disciplina, pero cuando estás lidiando con un pecado en particular, estudia lo que dice la Biblia sobre ese tema concreto. Piénsalo así: si te duele la cabeza no te pones una venda, y si te cortas en un dedo no te pones una aspirina en la herida. Sabemos cómo tratar nuestro cuerpo físico para ayudarlo a sanar, pero tristemente muchas veces no sabemos cómo sanar nuestra alma. La Palabra de Dios es medicina para el alma. Si estás enojado, estudiar sobre el éxito no te ayudará; estudia sobre el enojo y el perdón. Si eres celoso, estudiar sobre el relato de la creación no te ayudará; deberías estudiar todo lo que puedas sobre los celos y la envidia.

Cooperar con el Espíritu Santo

Confiamos en que Dios hace la obra de cambiarnos mediante el poder del Espíritu Santo que actúa en nosotros, pero nosotros somos responsables de cooperar con Él.

A. B. Simpson escribió en su libro *Andar en el Espíritu*:

> Aunque reconocemos el poder soberano del Espíritu Santo, visitando el corazón a su antojo y obrando según su voluntad sobre los objetos de su gracia, al mismo tiempo Dios ha ordenado ciertas leyes de operación y cooperación en conexión con la aplicación de la redención; y Él mismo reconoce con delicadeza sus propias leyes y respeta la libertad de la voluntad humana, por lo que no fuerza sus bendiciones sobre

los corazones que no están dispuestos, sino que llama a la puerta de nuestro corazón esperando ser reconocido e invitado, y después obrando en el alma mientras cooperamos de todo corazón, prestamos atención y obedecemos. *Hay, por lo tanto, una parte muy solemne y responsable en cada hombre para cooperar con el Espíritu Santo, o resistirlo y obstaculizarlo.*

«Pero a cada uno le es dada la manifestación del Espíritu para provecho» [1 Corintios 12:7 RVR1960], es decir, *le corresponde al hombre que recibe el primer mover del Espíritu Santo decidir hasta dónde abrazará su oportunidad, cooperará con su Amigo celestial y entrará en toda la plenitud de la voluntad de Dios buena y perfecta.*[7] (énfasis de la autora)

Es importante entender que, aunque le entreguemos una situación a Dios, seguiremos teniendo la responsabilidad de trabajar con el Espíritu Santo según Él nos dirija y nos guíe. He comprobado que, cuando oro y necesito oír de Dios con respecto a alguna situación, Él a menudo me muestra algo específico que tengo que hacer. A veces tal vez necesito que Él haga un milagro, pero otras veces me muestra algo específico que puedo hacer por mí misma. Si estoy dispuesta a hacerlo, entonces Él me da el poder para llevarlo a cabo.

> Aunque le entregues una situación a Dios, sigues teniendo una responsabilidad.

Permíteme decir de nuevo que no podemos cambiarnos a nosotros mismos. Es Dios quien nos cambia mediante la obra de su Palabra y el Espíritu Santo. Nuestra parte es estudiar la Palabra de Dios y cooperar con el Espíritu Santo, obedeciendo lo que Él nos guíe a hacer.

CAPÍTULO 7

Andar en el Espíritu, Parte 2

Si vivimos por el Espíritu, andemos también por el Espíritu.

Gálatas 5:25 LBLA

Andar en el Espíritu no viene con una lista de reglas a seguir; es algo que hacemos en base a cómo Él nos guía en cualquier momento dado. La mejor manera de conocer lo que el Espíritu Santo aprueba es aprender a seguir la paz (Romanos 14:17). Si lo que estamos haciendo está bien para nosotros en un momento dado, tendremos calma y tranquilidad en nuestro interior, pero si no es lo correcto sentiremos una amable presión que no se siente agradable. El Espíritu Santo no grita; susurra.

Por ejemplo, si estoy con una amiga y comienzo a chismear sobre otra amiga, de inmediato empiezo a sentir incomodidad en mi interior. Puedo seguir chismeando mientras me siento incómoda, pero entonces no estoy siendo guiada por el Espíritu; en cambio, estoy siguiendo mi propia voluntad y haciendo lo que yo quiero hacer. No estaré contenta conmigo misma después y me sentiré culpable. Finalmente me arrepentiré y Dios me perdonará, pero tendré que lidiar con la culpa hasta que finalmente me sienta libre y en paz. También estaré decepcionada conmigo misma por no haber podido hacer lo que era correcto desde el principio. La solución a este tipo de problema es fácil: obedecer enseguida y evitar la angustia.

Cuando veo televisión, muchas veces me interesa lo que estoy viendo y entonces aparece algo que no me hará ningún bien ver, y de inmediato me siento incómoda. Admito que a veces es difícil obedecer ese impulso del Espíritu Santo y apagar el programa porque estoy atrapada en el misterio o la historia; sin embargo, después de años de hacer las cosas a mi manera, ahora sé que seguir haciendo algo cuando siento la convicción del Espíritu Santo no vale la pena.

Ser guiado por el Espíritu no significa que Él nos da instrucciones a cada minuto sobre lo que tenemos que hacer. En muchas situaciones somos libres para tomar nuestras propias decisiones y confiar en que, si tomamos una decisión equivocada, Él nos lo hará saber. Esta mañana le pregunté al Señor qué era lo que quería que hiciera hoy y no me dio ninguna respuesta específica, así que decidí ir de compras. Después, la persona con la que había planeado ir tuvo un imprevisto y no pudo llegar, así que decidí quedarme en casa y trabajar en este libro. En esta ocasión, mi circunstancia me enseñó cuál era la voluntad de Dios. A menudo, Dios nos habla a través de las circunstancias. Él abre y cierra puertas para mostrarnos qué hacer.

Seguir la guía y dirección del Espíritu Santo es lo que nos capacita para poder ser cambiados a imagen de Jesucristo, llegando a ser más como Él. Sin embargo, como mencioné antes, debemos ser pacientes en este proceso por-

> *Sigue los impulsos del Espíritu Santo para ser cambiado a imagen de Jesucristo.*

que, por lo general, tenemos que tropezar varias veces antes de comenzar a reconocer cómo obra el Espíritu Santo para producir en nosotros los cambios que Dios sabe que necesitamos.

Disfruta mientras cambias

Mientras estás cambiando no tienes que enojarte contigo mismo ni rechazarte. Puedes disfrutar donde estás de camino a donde vas. Dios ve cómo eres ahora, pero también ve en lo que te convertirás y te trata como si ya hubieras llegado allí. Cuando comencé a enseñar un estudio bíblico por primera vez en mi casa, lo hice vistiendo pantalones cortos y fumando cigarrillos. Por lo general, la gente pensaría: *Dios no puede usar a alguien en esa condición.* Pero Él me usó porque no solo veía dónde estaba yo, sino que también veía dónde estaría finalmente. En ese entonces yo no sabía que mi manera de vestir o fumar era un mal ejemplo para otros. La gente que asistía al estudio bíblico hacía lo mismo. Después de un tiempo, comencé a tener la convicción de que mi forma de vestir no era la adecuada y mi hábito de fumar no era saludable, así que cambié mi manera de vestir y Dios me ayudó a dejar de fumar. Nuestro Padre nos ve en Cristo y por medio de Cristo si hemos puesto nuestra fe en Él. Segunda de Corintios 5:21 explica cómo nos ve Dios:

> Pues Dios hizo que Cristo, quien nunca pecó, fuera la ofrenda por nuestro pecado, para que nosotros pudiéramos estar en una relación correcta con Dios por medio de Cristo.

Cuando nacemos de nuevo (recibiendo a Jesús como nuestro Señor y Salvador), Dios nos ve en Él y a través de Él. Es muy importante que aprendamos a saber quiénes somos en Cristo para que podamos comenzar a entender cómo nos ve Él. Dios nos ama y quiere que nos amemos de modo balanceado, y mientras no nos amemos a nosotros mismos, no podremos amar a los demás.

Tal vez la idea de amarte a ti mismo te parezca extraña, pero en realidad estás amando a la persona que Dios hizo con sus propias manos en el vientre de tu madre (Salmos 139:13–16). Estás amando a la persona que eras antes de pecar, y estás amando a la persona en la que estás en proceso de convertirte. Afortunadamente, Dios mira nuestro corazón y considera eso, no solo nuestras acciones. Si el deseo de tu corazón es vivir como Dios te llama a vivir, Él te ayudará a llegar allí.

Jesús dice que debemos amar a nuestro prójimo como nos amamos a nosotros mismos (Mateo 22:39). Si tenemos que amar a nuestro prójimo (otras personas) como nos amamos a nosotros mismos, ¿cómo podemos hacerlo si no nos amamos? No podemos. Con frecuencia digo que no podemos dar lo que no tenemos.

Te animo a no pensar mucho en las cosas malas que ves en ti. Reconoce tus faltas, pero no te enfoques en ellas sin cesar. En lugar de ello, mira y celebra el progreso que has conseguido. Aprecia los dones, talentos y habilidades que Dios ha puesto misericordiosamente en ti, y disfruta la vida que Él te ha dado.

La diferencia entre el Espíritu y la carne

Tanto el Espíritu Santo como la carne se caracterizan por ciertos tipos de conducta. Mientras mejor entendamos esto, más eficazmente podremos andar en el Espíritu. Permíteme destacar varias diferencias entre el Espíritu y la carne:

- El Espíritu Santo lidera, guía y motiva. *Motivar* significa «mover para actuar, estimular, incitar; dar algo a alguien, inspirar; asistir con un recordatorio, recordar».[8] La carne manipula, controla, demanda y presiona.
- El Espíritu Santo es humilde, gentil, manso y modesto. La carne es ruda, dura, afilada y presionante.
- El Espíritu Santo habla la verdad. Él nos guía y dirige a toda verdad (Juan 16:13) y trae claridad. El diablo es un engañador, mentiroso y ladrón. Él trabaja mediante nuestra carne tentándonos a hacer cosas que no son la voluntad de Dios.
- El Espíritu Santo, aunque es Dios y parte de la Trinidad, se somete a la autoridad de Dios Padre y de Jesús. La carne es rebelde.
- El Espíritu Santo es fiel. Se implica, es sufrido, aguanta y es paciente. La carne es impaciente, no se implica, es infiel y abandona rápidamente cuando los resultados no son inmediatos.
- El Espíritu Santo es justo. No muestra parcialidad ni favoritismo. Representa al Dios de justicia. La carne es injusta y deshonesta.

- El Espíritu Santo es excelente. Él nunca transige, sino que siempre hace mucho más abundantemente de lo que podemos pensar. Él recorre la milla extra. La carne transige y, en su mejor estado, es mediocre.

- El Espíritu Santo es misericordioso y perdonador. La carne es implacable, juzgona, crítica y rencorosa.

- El Espíritu Santo es generoso. Le encanta dar y se goza en la prosperidad de los hijos de Dios. La carne es tacaña, rencorosa, celosa y envidiosa.

- El Espíritu Santo se deleita al ver a los creyentes disfrutar de ellos mismos y de la vida que Jesús les dio con su muerte. La carne roba el verdadero gozo e intenta reemplazarlo por una diversión egocéntrica.

- El Espíritu Santo convence, pero nunca condena. La carne nos hace sentir culpables, asigna culpas, da un sentimiento falso de excesiva responsabilidad y condena.

- El Espíritu Santo es santo, justo y puro. La carne es impía, malvada, mala, impura e injusta.

- El Espíritu Santo ama. La carne odia y tiene amargura, resentimiento, y se ofende con facilidad. La carne también guarda rencor.

Esta lista podría continuar, por supuesto, pero subraya varias distinciones importantes entre el Espíritu Santo y nuestra carne. Incluso sin que nos digan lo que está bien y lo que está mal, la mayoría de nosotros podríamos reconocer el fruto del Espíritu o el de la carne. Después de nacer de nuevo tenemos un sentimiento interior de lo que está bien y mal, porque el Espíritu Santo vive en nosotros. Entonces, simplemente tenemos que comenzar a tomar decisiones que estén en consonancia con el Espíritu.

Un paseo está compuesto de muchos pasos, y andar en el

Espíritu conlleva tomar decisiones diariamente y ejercer el auto-control. Recientemente leí que el autocontrol es la forma más alta de amor por uno mismo. Cuando nos controlamos con la ayuda de Dios, tomamos las decisiones que Dios desea que tomemos, las que conseguirán lo mejor para nosotros y nos darán la mejor vida posible.

El fruto y los dones del Espíritu Santo

La Biblia nos enseña sobre el fruto del Espíritu y los dones del Espíritu, ambas cosas invaluables para los creyentes en nuestra vida cotidiana.

El apóstol Pablo enumera el fruto del Espíritu Santo en Gálatas 5:22–23:

> En cambio, la clase de fruto que el Espíritu Santo produce en nuestra vida es: amor, alegría, paz, paciencia, gentileza, bondad, fidelidad, humildad y control propio. ¡No existen leyes contra esas cosas!

Los que están en Cristo se distinguen de los incrédulos en que el Espíritu Santo nos ha dado dones, los cuales nos permiten dar fruto (ser productivos y marcar la diferencia). Me gusta recordar a la gente que somos llamados a dar fruto, no meramente a estar ocupados. Es sabio detenernos de vez en cuando y hacer inventario de en qué empleamos nuestro tiempo, y preguntarnos si estamos dando buen fruto o simplemente estamos ocupados y a menudo distraídos de hacer lo que verdaderamente es de beneficio para nosotros y para otros. El fruto del Espíritu nos permite amar y ser buenos con otros en lugar de ser egoístas y egocéntricos.

Eres llamado a dar fruto, no meramente a estar ocupado.

Pablo escribe sobre los dones del Espíritu Santo en Romanos 12:6–8:

> Dios, en su gracia, nos ha dado dones diferentes para hacer bien determinadas cosas. Por lo tanto, si Dios te dio la capacidad de profetizar, habla con toda la fe que Dios te haya concedido. Si tu don es servir a otros, sírvelos bien. Si eres maestro, enseña bien. Si tu don consiste en animar a otros, anímalos. Si tu don es dar, hazlo con generosidad. Si Dios te ha dado la capacidad de liderar, toma la responsabilidad en serio. Y si tienes el don de mostrar bondad a otros, hazlo con gusto.

En términos sencillos, los dones del Espíritu mencionados aquí son:

- profecía
- servicio práctico
- enseñanza
- animar
- dar («socorrer» en la Nueva Versión Internacional)
- liderar (referido a «dirigir» en la Nueva Versión Internacional)
- mostrar bondad («mostrar compasión» en la Nueva Versión Internacional).

Primera de Corintios 12:4–11 (LBLA) enumera otros dones espirituales:

- palabra de sabiduría
- palabra de conocimiento
- fe

- dones de sanidad
- poder de milagros
- profecía
- discernimiento de espíritus
- diversas clases de lenguas
- interpretación de lenguas

Dios distribuye muchos dones espirituales distintos además de la lista de Romanos 12 y 1 Corintios 12. Cada persona tiene un don en algún aspecto o en varios. Algunas personas son músicos, artistas, matemáticos, doctores, organizadores dotados, y la lista continúa. Ciertas personas tienen el don de trabajar con los niños, y otros con personas con necesidades especiales. Incluso las personas que vemos lavando cristales en altos rascacielos tienen un don de Dios para no tener miedo a esas grandes alturas. Dios tiene a alguien que tiene el don para hacer cada trabajo que hay que hacer.

Mantente en tu carril

Si te mantienes en tu propio carril cuando conduces un automóvil probablemente irás seguro, pero si te desvías y entras en otro carril es probable que tengas un accidente. La vida puede ser así cuando intentamos hacer cosas para las que no tenemos el don. Hay personas que a menudo malgastan años viviendo frustrados porque intentan ser alguien que no son o hacer cosas para las que no tienen el talento necesario. Cuando nos quedamos dentro de nuestros dones, los expresamos fácilmente porque el Espíritu Santo nos ayuda, pero Él nunca nos ayudará a ser alguien que no somos o a hacer algo que no debemos. Cada uno de nosotros simplemente tiene que hacer bien su parte.

Pablo nos enseña en 1 Timoteo 4:13-16 a entregarnos a

nuestro don, sea cual sea ese don o dones del Espíritu. En otras palabras, deberíamos enfocarnos en los dones que Dios nos da. Yo me enfoco en escribir y enseñar la Palabra de Dios porque soy una maestra de la Biblia. También tengo el don de dar o contribuir. Aunque siempre he tenido el don de dar, el Espíritu Santo tuvo que enseñarme a usarlo para glorificar a Dios y no para obtener atención para mí misma. Una vez intenté cantar, y nuestro equipo de sonido apagó mi micrófono durante la adoración en nuestras conferencias porque canto fuera de tono. Intenté aprender a tocar instrumentos musicales y no fui capaz de aprender bien. Probé a hacer muchas cosas que no salieron bien hasta que aprendí por las malas lo que ahora estoy compartiendo contigo. Ahórrate muchos problemas y dolor personal usando el don que Dios te ha dado en lugar de intentar hacer algo solo porque otra persona lo está haciendo. No tienes que compararte con nadie ni competir con nadie. ¡Eres libre para ser tú mismo!

Cuando andamos en el Espíritu, no vivimos egoístamente haciendo lo que nuestra carne quiere hacer. En lugar de ello, permitimos que el Espíritu Santo nos empodere, vivimos pudiendo amar, siendo generosos y desprendidos, y la vida comienza a adoptar un fluir que nos permite disfrutarla. Aprende a seguir la guía del Espíritu Santo, y comienza a disfrutar tu vida más que nunca.

Lecciones de la escuela del Espíritu Santo

Hubo un tiempo en mi vida en el que me sentía como si estuviera en la escuela y el Espíritu Santo fuera mi maestro. Mientras aprendía a andar en el Espíritu, Él me enseñó muchas lecciones usando las actividades prácticas diarias de mi vida como nuestro salón de clase. Él me sigue enseñando hoy día, pero me gustaría compartir algunas de las lecciones que aprendí en los primeros tiempos de andar en el Espíritu, porque quizá Él quiera usar también los aspectos diarios de tu vida para ayudarte a aprender a andar con Él.

Cuando entré en lo que yo llamo la escuela del Espíritu Santo, Él comenzó a mostrarme pequeñas cosas que yo hacía y que no estaban bien. Una de ellas era no volver a colocar el carrito de la compra en la zona destinada para ello bajo el letrero: «Por favor, deje aquí su carrito» cuando terminaba de comprar. No quería hacer el esfuerzo extra de caminar hasta ese lugar, así que hacía lo que la mayoría de las personas hacen y lo dejaba en cualquier lugar, esperando que no se moviera con el viento. A menudo, me esforzaba más para equilibrar el carrito y que no se moviera, con lo cual tardaba más de lo que hubiera tardado si hubiera ido a dejarlo a la zona designada para ello.

Este es el punto interesante: aunque eso era algo sencillo, me tomó *dos años* llegar al punto de ser obediente cada vez y hacer lo que el Espíritu Santo me pedía. Ponía muchas excusas: «Todos dejan el carrito fuera de su lugar, ¿por qué no lo voy a hacer yo?». «Para eso pagan a los empleados; que uno de ellos lo haga». «Hace frío afuera». «Hace calor afuera». «Está lloviendo». «Tengo prisa».

Quizá pienses: *¿En serio, Joyce? ¿De verdad Dios trató contigo con algo como el carrito del supermercado?* ¡Lo hizo! Colocar el carrito en su lugar parece algo insignificante, pero no hacerlo muestra falta de integridad. Además, no demuestra amor, porque no es lo que yo querría que hicieran los clientes si yo fuera la dueña del supermercado. Dios me recordó que debemos hacer con los demás lo que queremos que hagan con nosotros (Lucas 6:31). ¡Sencillamente yo no quería colocar el carrito! Mi carne finalmente murió, al menos en esta área, y ahora devuelvo el carrito a su lugar todas las veces, al igual que lo hacen muchas

> *Si no obedeces a Dios en las cosas pequeñas, tampoco lo harás en las cosas grandes.*

personas que escuchan mi enseñanza. Mira, si no obedecemos a Dios en las cosas pequeñas, no le obedeceremos tampoco en las grandes.

Cuando Dios me llamó al ministerio no estaba lista para ir a un instituto bíblico, pero el Espíritu Santo me enseñó en mi vida diaria a través de las tareas ordinarias. Esta es otra lección del supermercado. Durante años, nuestra familia vivió con un presupuesto muy justo, y a menudo cuando yo llegaba al último pasillo mi calculadora me decía que había superado mi presupuesto. Comenzaba a seleccionar artículos de los que podía prescindir, pero en lugar de devolverlos al lugar de donde los había sacado, por rutina los dejaba en la estantería más cercana hasta que oí al Espíritu susurrar en mi corazón que debía colocar cada uno en el lugar de donde lo había sacado. Esta lección también tardé mucho en aprenderla. Ponía excusas: «Ya voy tarde y no tengo tiempo colocarlos en su sitio». «No me acuerdo de dónde los saqué». Dios estaba usando estos eventos diarios para enseñarme integridad, es decir, honestidad, excelencia y fortaleza moral. Tristemente, la integridad es algo que hoy día está carente en las vidas de muchas personas. Algunas personas ni siquiera saben lo que significa la palabra.

El Espíritu Santo me enseñó a cumplir mi palabra, a colgar la ropa que otras personas habían dejado tirada mientras compraban y a decir siempre la verdad, incluso si eso me causaba un dolor personal. Las lecciones de este tipo que he aprendido durante los años son muchas. Dios nos ha llamado a ser excelentes, no mediocres. La mediocridad está a mitad de camino entre el éxito y el fracaso. Se nos pide hacer más de lo suficiente, no solo lo justo para pasar. Todos tenemos una relación con Dios individual y secreta y deberíamos comprometernos a hacer lo que Él nos dice que hagamos, ya sea grande o pequeño, y hacerlo simplemente porque lo amamos a Él. Esto nos ayuda a desarrollar una relación en la que Dios se convierte en parte de todo lo que hacemos.

El diablo es nuestro enemigo y el enemigo de Dios. Su meta es impedir que los hijos de Dios vivan la vida maravillosa que Jesús quiso darnos con su muerte. Él lo hace engañándonos y diciéndonos mentiras que solemos creer hasta que aprendemos la verdad de la Palabra de Dios. Yo creía muchas de las mentiras que el diablo me decía, y éstas me impedían disfrutar de lo mejor de Dios. Durante un periodo de varios años aprendí a pensar de otro modo sobre las pequeñas cosas de la vida, porque me di cuenta que, para Dios, eran cosas grandes. Parte de andar en el Espíritu es ver las cosas como Dios las ve.

Hace unos cuarenta y cinco años atrás salía de una tienda y observé una moneda de un centavo en el suelo. Pasé de largo y no hice la intención de tomarla porque era *solo un centavo*. De repente, oí a Dios susurrar en mi corazón: «Si recoges centavos, algún día serás muy exitosa». Al instante supe que no se trataba del centavo, sino del principio de prestar atención a las cosas pequeñas. Para Dave y para mí, prestar atención a las cosas pequeñas ha sido un principio fundamental en nuestras vidas y nuestro ministerio por muchos años. Pensamos que las cosas pequeñas son importantes. Toda nuestra familia, incluyendo nuestros nietos, recogen centavos cada vez que los ven. Cada centavo es un recordatorio de lo que Dios dijo hace tantos años cuando me estaba enseñando de forma tan intensa a andar en el Espíritu. Él ha hecho que nuestro ministerio sea exitoso y nos ha permitido tener el gran privilegio de difundir su Palabra por todo el mundo.

CAPÍTULO 8

La mente del Espíritu

La mente gobernada por la carne es muerte, mientras que la mente que proviene del Espíritu es vida y paz.

Romanos 8:6 NVI

Escribí sobre la mente en el capítulo 4 porque lidiar con la pregunta «¿Qué pienso?» es muy importante para dejar atrás una vida egoísta y abrazar la alegría que se obtiene al pensar en otros. La mente es vital para nuestro caminar con Dios y para vivir la vida que Dios desea que tengamos, así que quiero hablar más de ello en este capítulo.

Como he mencionado, durante los años que sufrí incesto y abuso sexual me juré a mí misma que, cuando me fuera de casa, nunca más dependería de nadie sino solo de mí misma. Como había crecido sin tener nunca lo que yo quería porque las personas que me rodeaban me usaban en lugar de amarme, decidí que conseguiría lo que quisiera a partir de entonces. Mi visión de la vida estaba arraigada en el temor, la vergüenza, la culpa y otras emociones negativas que me hacían sentir mal conmigo misma. Mis pensamientos alimentaban mis sentimientos, y eso me mantenía infeliz y enfocada en mí misma.

En ese entonces, no tenía ni idea de que podía cambiar mi vida cambiando mis pensamientos. No sabía que podía cambiar mi mente echando fuera un pensamiento y eligiendo otro. Pasé años pensando en todo lo que venía a mi mente, en su mayoría cosas plantadas por el diablo, mentiras destructivas que me engañaban y me llevaban por direcciones erróneas.

Siempre que seas infeliz, tan solo analiza lo que estás pensando y probablemente encontrarás la razón por la que te falta la alegría. Los malos pensamientos producen malos sentimientos.

> Los malos pensamientos producen malos sentimientos.

Después de entregar mi vida al Señor, tuve que aprender que tengo la mente de

Cristo (1 Corintios 2:16). Como mencioné antes, esto significa que tenemos la capacidad de pensar como Él, y que podemos elegir eso y aprender a hacerlo. Tenemos la mente de Cristo; simplemente tenemos que desarrollarla y formar el hábito de escoger buenos pensamientos. Cuando queremos alinear nuestros pensamientos con los suyos, el Espíritu Santo siempre nos ayudará a hacerlo.

Al margen de la situación en la que te encuentres, pregúntate: «¿Qué pensaría Jesús en estas circunstancias?». Después piensa en consonancia con ello. La mayoría de las personas tienen la idea equivocada de que no pueden controlar sus pensamientos, pero podemos pensar a propósito. Yo llamo a los buenos pensamientos que escogemos deliberadamente tener «pensamientos de poder». De hecho, he escrito un libro titulado *Pensamientos de poder*, y está pensado para ayudarte a que estés firmemente establecido en tener los pensamientos que Dios quiere que tengas.

Puedes pasar tiempo cada mañana teniendo pensamientos que añadirán poder a tu vida y te ayudarán a ser la persona que Dios quiere que seas, no alguien que es egoísta y egocéntrica. Si quieres ser una persona generosa en lugar de una persona egoísta, debes saber que tu pensamiento es el precursor de cualquier cambio en tu vida. Donde vaya la mente, el hombre va detrás. Pasa tiempo en la mañana pensando en lo que podrías hacer por otra persona ese día, y Dios te dará algunas ideas. Si pensamos solamente en lo que queremos, en lo que otros deberían hacer por nosotros y en lo que no están haciendo, nunca dejaremos de ser egoístas. Para ser desinteresados, tenemos que pensar en cosas desinteresadas.

Concentra tu atención

Colosenses 3:1–3 dice: «Ya que han resucitado con Cristo, busquen las cosas de arriba, donde está Cristo sentado a la derecha de Dios. *Concentren su atención en las cosas de arriba, no en las de la tierra,* pues ustedes han muerto y su vida está escondida con Cristo en Dios» (NVI, énfasis de la autora). Cuando este versículo dice que debemos «concentrar nuestra atención en las cosas de arriba», no creo que signifique estar todo el día pensando en el cielo y cómo será, sino concentrar nuestra atención en lo que es bueno y piadoso. Deberíamos llenar nuestra mente con pensamientos que Dios apruebe y concentrar nuestra atención en cosas que nos beneficien, ayuden a otros y honren a Dios.

Tenemos que concentrar nuestra atención en las cosas de Dios porque iremos detrás de aquello en lo que concentremos nuestra atención. Para andar en el Espíritu debemos actuar según la mente del Espíritu, no según la mente de la carne. Romanos 8:6 en la Biblia Amplificada (en inglés) describe la mente de la carne como «sentir y razonar sin el Espíritu Santo». Yo uso el sentido común y la razón, pero lo hago con la dirección del Espíritu Santo y mi conocimiento de la Palabra de Dios. Cuando recibimos a Jesús como nuestro Señor recibimos nuevas habilidades, y una de ellas es que podemos aprender a pensar de otra manera. Según Romanos 8:6, cuando pensamos como Dios piensa conforme a la mente del Espíritu, disfrutamos de vida y paz. También tendremos lo que Dios quiere que tengamos y seremos quienes Dios quiere que seamos.

Una nueva actitud en tu mente

Con respecto a la vida que antes llevaban, se les enseñó que debían quitarse el ropaje de la vieja naturaleza, la cual está corrompida por los deseos engañosos; ser renovados en la actitud de su mente; y ponerse

el ropaje de la nueva naturaleza, creada a imagen de
Dios, en verdadera justicia y santidad.

Efesios 4:22–24 NVI

El apóstol Pablo nos da una fórmula sencilla para ayudarnos a dejar de comportarnos como si no hubiéramos nacido de
nuevo y comenzar a vivir como la nueva creación que Dios nos
ha hecho ser. Dice que nos quitemos el viejo yo (Efesios 4:22) y
que nos pongamos el nuevo (Efesios 4:24). Pero ¿cómo hacemos
esto? El versículo 23 tiene la respuesta.
Dice que debemos renovar la actitud de
nuestra mente. La Biblia Amplificada
dice: «Y sean continuamente renovados
en el espíritu de su mente [teniendo una
actitud mental y espiritual fresca]» (traducción libre). Si queremos comportarnos diferente, tenemos
que pensar diferente.

> *Si quieres comportarte diferente, tienes que pensar diferente.*

Renovar la mente o aprender a pensar según la Palabra de
Dios es fundamental para aprender a vivir como la nueva creación que Dios nos ha hecho ser en Jesús. Pablo escribe en
2 Corintios 5:17: «De modo que si alguno está en Cristo, ya es
una nueva creación; atrás ha quedado lo viejo: ¡ahora ya todo
es nuevo!» (RVC). Podríamos decir que conseguimos un nuevo
comienzo.

Una de las mejores cosas que podemos hacer por nosotros
mismos es trabajar con el Espíritu Santo para renovar nuestra
mente. Nuestro pensamiento es extremadamente importante, y
lo creas o no, podemos controlar nuestros pensamientos. Podemos decidir en qué pensar. ¡Piensa feliz y sé feliz!

Cuando nacemos de nuevo, nos convertimos en barro espiritual nuevo y blando para que Dios nos moldee conforme a su

intención original para nosotros, según su intención antes de que el pecado entrara en el mundo. Esto es un proceso que a menudo toma más tiempo de lo que pensábamos que tardaría o pensamos que debería, y es más doloroso de lo que esperábamos. Requiere que «crucifiquemos la carne» o «neguemos el yo». (Explicaré estos conceptos en detalle más adelante en el libro, pero probablemente te puedas imaginar que no son experiencias fáciles ni agradables, aunque finalmente conducen a grandes bendiciones). Pídele a Dios que haga lo que Él quiera contigo, y pídele que te capacite para no resistirte sino cooperar con Él. Me gusta la frase *morir para vivir.* Si morimos al yo (egoísmo, obstinación, egocentrismo), al final podremos vivir realmente la vida que Jesús murió para darnos.

Antes de que pueda ocurrir nada de esto, primero tenemos que renovar nuestra mente aprendiendo a pensar diferente a como lo hacíamos antes. En lugar de pensar «¿y qué hay de mí?», aprendemos a pensar en los demás y en cómo podemos ser una bendición para ellos. Como esta forma de pensar es opuesta a nuestra naturaleza natural, tenemos que practicar el pensar adecuadamente, y para practicar se necesita tiempo, paciencia y repetición.

Tenemos que aprender a meditar en la Palabra de Dios, especialmente en áreas que nos ayudarán a no ser egoístas. Meditar significa dar vueltas a algo en tu mente una y otra vez. Si sabes preocuparte, entonces sabes meditar. La meditación es para nuestra mente lo que masticar los alimentos es para nuestro cuerpo. Si nos tragamos la comida sin masticar, no le sacamos todos los nutrientes. Es bueno leer u oír un versículo, pero lo que realmente tenemos que hacer es meditar en la Palabra para sacar de ella el máximo partido.

Marcos 4:24 dice: «Luego agregó: "Presten mucha atención a lo que oyen. Cuanto más atentamente escuchen, tanto más

entendimiento les será dado, y se les dará aún más"». Escuchar
o leer un versículo te aporta un poco de conocimiento o información, pero si quieres revelación, más poder y entendimiento,
tienes que meditar en él. Al hacer eso lo desmenuzas y recibes
la revelación que se convierte en parte de ti y después te permite
hacer lo que ese versículo te enseña.

Para romper el poder del egoísmo, medité, estudié y confesé
(declaré en voz alta) versículos sobre amar a Dios y a los demás
y sobre ser generosa y dadora, sobre creer lo mejor, sobre perdonar, sobre ser misericordiosa y no ser criticona ni juzgona.
Comencé haciendo esto hace cuarenta y cinco años atrás, y
todavía lo hago regularmente. También practico regularmente
pensar de forma intencional en lo que puedo hacer por otras
personas. Mi meta es hacer algo por alguien cada día. Todavía no he alcanzado esa meta, pero prosigo hacia ella. Viví por
muchos años siendo una persona egoísta, y haré lo que sea necesario para no volver a ser así.

Los siguientes son seis de esos versículos que puedes estudiar, meditar y declarar en voz alta:

«Ama al Señor tu Dios con todo tu corazón, con toda
tu alma y con toda tu mente» —respondió Jesús—.
Este es el primero y el más importante de los mandamientos. El segundo se parece a este: «Ama a tu prójimo como a ti mismo». De estos dos mandamientos
dependen toda la Ley y los Profetas.

Mateo 22:37–40 NVI

No buscando cada uno sus propios intereses, sino
más bien los intereses de los demás.

Filipenses 2:4 LBLA

Pero el que tiene bienes de este mundo, y ve a su
hermano en necesidad y cierra su corazón contra él,
¿cómo puede morar el amor de Dios en él?

1 Juan 3:17 LBLA

Y no os olvidéis de hacer el bien y de la ayuda mutua,
porque de tales sacrificios se agrada Dios.

Hebreos 13:16 LBLA

Dad, y os será dado; medida buena, apretada, remecida y rebosante, vaciarán en vuestro regazo. Porque
con la medida con que midáis, se os volverá a medir.

Lucas 6:38 LBLA

Sed más bien amables unos con otros, misericordiosos, perdonándoos unos a otros, así como también
Dios os perdonó en Cristo.

Efesios 4:32 LBLA

Aprender a querer lo que Dios quiere

Mateo escribe: «Desde entonces Jesucristo comenzó a declarar
a sus discípulos que debía ir a Jerusalén y sufrir muchas cosas
de parte de los ancianos, de los principales sacerdotes y de los
escribas, y ser muerto, y resucitar al tercer día» (Mateo 16:21
LBLA). Pedro tomó aparte a Jesús y «comenzó a reprenderle,
diciendo: "¡No lo permita Dios, Señor! Eso nunca te acontecerá"» (Mateo 16:22 LBLA). En ese momento, Jesús se volteó y le
dijo a Pedro: «¡Quítate de delante de mí, Satanás! Me eres piedra
de tropiezo; porque no estás pensando en las cosas de Dios, sino
en las de los hombres» (Mateo 16:23 LBLA).

En este escenario, Pedro parece haber pensado de modo

egoísta. Sabemos que se preocupaba por Jesús, pero creo que también le preocupaba que, como era uno de sus discípulos, si Jesús sufría él también sufriría. Tal vez parte de su preocupación estaba arraigada en una motivación egoísta.

Más adelante, Jesús oró toda la noche en el huerto de Getsemaní, pidiéndole a Dios que quitara la copa de sufrimiento si eso era posible. Cada vez que le pedía a Dios que le ahorrara el sufrimiento que le esperaba, después añadía: «pero no sea como yo quiero, sino como tú quieras» (Mateo 26:39 LBLA) y «hágase tu voluntad» (Mateo 26:42 LBLA). En Mateo 26:44 (LBLA), leemos que «oró por tercera vez, diciendo otra vez las mismas palabras».

Jesús les había pedido a los discípulos que oraran con Él solo una hora, pero todos se quedaron dormidos. Como le había pedido al Padre tres veces que quitara la copa de sufrimiento, obviamente no quería ir a la cruz y sufrir una muerte tan horrible, pero estuvo dispuesto a hacer lo que Dios quisiera a pesar de cuán difícil sería. ¡Tenía su mente puesta en hacer la voluntad de Dios! ¿Has hecho tú lo mismo? Jesús quería lo que su Padre quisiera más que lo que Él mismo quería, y nosotros deberíamos sentir lo mismo.

Cambiado al renovar la mente

Según Romanos 12:2 somos cambiados mediante la renovación total de la mente. No puedo enfatizar exageradamente la importancia de esta verdad bíblica. Nuestros pensamientos se convierten en nuestras palabras, nuestras actitudes y nuestras acciones (conducta). No podemos cambiar nuestra conducta a menos que cambiemos nuestra mentalidad. Este versículo nos enseña que, si queremos ver el buen plan de Dios cumplido en nuestra vida, tenemos que renovar nuestra mente por completo. La Palabra de Dios es la herramienta que Él usa para hacerlo.

Los pensamientos de Dios y sus palabras son la misma cosa. Aprende la Palabra, y aprenderás a pensar como Dios.

Todo el tiempo que vivimos antes de aceptar a Jesús como nuestro Salvador, nuestro pensamiento es mundano y actúa según la carne. Es egoísta y egocéntrico, y la pregunta «¿y qué hay de mí?» pasa por nuestra mente muchas veces. Queremos asegurarnos de que cuidan de nosotros y de que conseguimos lo que queremos, aunque eso signifique que otros no consigan lo que ellos quieren. A las personas egoístas no les preocupan los intereses de los demás. Solo les preocupan sus propios intereses, deseos, anhelos y necesidades, y emplean su tiempo intentando obtenerlos. Todos sus pensamientos son egoístas.

Nuestro viejo yo no está muerto, pero se nos enseña que hagamos morir el pecado y nuestros viejos caminos. Charles Spurgeon escribió: «Es a la vez el camino más semejante a Cristo y el más feliz para un creyente dejar de vivir para sí mismo».[9] Es asombroso cuán felices somos cuando dejamos de vivir una vida egoísta y egocéntrica, y para conseguir el impacto total de la misma debemos experimentarla por nosotros mismos. El diablo nos resiste ferozmente en nuestro intento de morir al yo y vivir totalmente para Dios y para servir a otros, pero mantenerse firme en esa determinación de morir al yo con la ayuda de Dios finalmente producirá éxito.

Desarrollaré la idea de morir al yo más adelante en el libro, pero permíteme decir ahora solamente que morir al yo significa que, aunque tengas una voluntad que quiera seguir sus deseos, una mente que quiera pensar sus propios pensamientos y emociones que quieran que les dejes guiarte, puedes decir no a todo eso y escoger vivir a la manera de Dios. Cada vez que lo haces, un poquito más de tu carne pierde el control sobre tu vida, y finalmente dejará de controlarte por completo. Sin embargo, para ser justa tengo que decirte que el viaje puede que no sea corto. A menudo requiere que el Espíritu Santo trate con nosotros varias o muchas veces con respecto a lo mismo hasta que finalmente dejemos que Dios nos dirija siempre en todo.

> *Morir al yo significa escoger vivir a la manera de Dios.*

Queremos saber

La mente del Espíritu, como puedes ver en este capítulo, no es como la mente de la carne. En nuestra mente humana la búsqueda de conocimiento es enorme, pero cuando tenemos la mente del Espíritu estamos contentos con saber lo que Dios quiere que sepamos. Aunque queremos aprender lo que necesitamos saber y estar informados de lo que está ocurriendo, podemos quedarnos tan atascados en el deseo de encontrar razones para todo lo que sucede que nos quedamos lisiados mentalmente y espiritualmente. He dicho que en un momento de mi vida fui adicta a razonar; es decir, que pensaba y pensaba en todo, intentando entenderlo con mi mente natural. No me podía calmar a menos que pensara que tenía todo resuelto. A menudo sentía lo que se convirtió en una paz falsa porque pensaba que tenía ciertas respuestas, solo para darme cuenta después de que lo que yo pensaba era realmente incorrecto. Es interesante que sentía calma y paz aunque lo que yo pensaba era incorrecto. Así de intensa era para saber cosas, y para mí era muy importante tener una respuesta. Este fue el resultado de estar decidida a cuidar de mí misma y de no necesitar a nadie más.

Estoy muy alegre de que finalmente fui liberada de la necesidad de saberlo todo y de la presión de pensar tanto. Podemos hacernos sentir miserables pensando demasiado las cosas. Aún sigo haciéndole preguntas a Dios, pero ya no me molesto si Él no me da las respuestas. A veces la respuesta es que no necesito saber más; simplemente tengo que confiar en Él.

Antes de su conversión, Pablo buscaba el conocimiento. Estaba muy preparado académicamente hablando, pero llegó a un punto en el que decidió no saber nada salvo a Jesucristo y a éste crucificado (1 Corintios 2:2). También dijo que quería conocer a Cristo y el poder de su resurrección (Filipenses 3:10 NVI). Yo diría que esto simplificó mucho su vida. El razonamiento excesivo o pensar demasiado las cosas puede ser agotador y confuso. Causa frustración, pero la confianza sencilla en Dios produce paz.

Santiago 1:22 indica que podemos engañarnos a nosotros mismos al razonar de manera contraria a la verdad. Esto nos impide obedecer la Palabra de Dios. Cuando Dios nos pide hacer algo que no queremos hacer, nuestra carne puede fabricar un sinfín de excusas. Siempre podemos encontrar razones para desobedecer a Dios, pero son razones contrarias a la verdad de su Palabra. Las excusas son peligrosas porque nos dan permiso para hacer lo incorrecto y engañarnos a nosotros mismos al pensar que es lo correcto.

Asumir la responsabilidad personal en lugar de ofrecer excusas es vital para nuestra madurez espiritual. Cuanto más tiempo culpemos a otras personas de nuestras conductas erróneas, más tiempo estaremos atados a ellas. Toma la decisión de dejar de poner excusas. Pídele al Espíritu Santo que te ayude, e incluso si alguien te causó los problemas que tienes, tú eres el único que puede asumir la responsabilidad de comenzar a hacer lo que te sacará de los problemas para llevarte a la salud y madurez espiritual.

> Asumir la responsabilidad personal es vital para tu madurez espiritual.

CAPÍTULO 9

Lo natural y lo espiritual

Pero el hombre natural no acepta las cosas del Espíritu de Dios, porque para él son necedad; y no las puede entender, porque se disciernen espiritualmente. En cambio, el que es espiritual juzga todas las cosas; pero él no es juzgado por nadie.

1 Corintios 2:14–15 LBLA

La persona natural (no espiritual) no entiende a la persona espiritual porque las cosas del Espíritu solo se pueden discernir espiritualmente. Un buen ejemplo de esto me ocurrió hace varios años atrás cuando recibía la ayuda de un contador para realizar mis impuestos. Él me dijo que estaba dando demasiado dinero a la iglesia. No entendía el principio de Dios de sembrar y cosechar (Gálatas 6:7-8). Para él no tenía sentido, pero como yo he estudiado la Palabra de Dios y me esfuerzo por obedecerla de todas las maneras posibles, dar dinero para apoyar la obra de Dios era algo que tenía todo el sentido para mí.

> *Las personas que no han aprendido la Palabra de Dios ven la vida con las lentes de los sentidos y la razón.*

Las personas que no han aprendido la Palabra de Dios tienden a ver la vida con las lentes de los sentidos y la razón. Si ciertas cosas no tienen sentido para su mente, no las creen. Si yo mirara la Palabra de Dios solo con mi mente natural, gran parte de la misma no tendría sentido para mí tampoco. Por ejemplo, ¿por qué debería dar parte de lo que tengo para ganar más (2 Corintios 9:6-8)? ¿Cómo los primeros pueden ser últimos y los últimos ser los primeros? (Mateo 20:16)? ¿Por qué debería amar a mis enemigos, bendecirlos, orar por ellos y perdonarlos (Lucas 6:27–28; Marcos 11:25)? La Biblia nos enseña a hacer estas cosas, pero las personas que no conocen a Dios tienden a rechazarlas porque no les parecen lógicas. Si concentramos nuestra mente en ser obedientes a Dios, debemos hacerlo con un corazón de fe, no meramente con una cabeza llena de conocimiento natural. Las personas que son espirituales creen lo que no pueden ver o sentir (Hebreos 11:1); creen en su corazón. Yo no vi a Jesús morir en la cruz, pero creo de todo corazón que lo hizo, y que lo hizo por ti y por mí. Las personas que son espirituales creen la Palabra de Dios independientemente de lo que vean o no vean, pero los que son naturales solo creen lo que ven con sus ojos.

En Lucas 5:1–11 leemos que varios hombres que se convertirían en los discípulos de Jesús habían pescado toda la noche y no habían atrapado nada. Estaban lavando sus redes y cerrando la tienda por ese día. Habían trabajado mucho y estaban cansados y decepcionados porque no habían pescado nada. Jesús se les apareció y les dijo que echaran la red un poco más profundo, y pescarían muchos peces. Pedro dijo: «Maestro, hemos trabajado mucho durante toda la noche y no hemos pescado nada; pero si tú lo dices, echaré las redes nuevamente» (v. 5). Al hacerlo, sacaron una pesca enorme (v. 6), tantos peces que sus barcas comenzaron a hundirse y tuvieron que llamar a sus colegas en otras barcas cercanas para que les ayudaran (v. 7). Pedro confió en lo que Jesús dijo más que en lo que tenía sentido para su mente natural. Estaba muy cansado y no quería pescar más ese día. No creía que eso funcionaría y no tenía ganas de hacerlo, pero lo hizo solo porque Jesús se lo dijo. Esta es la actitud que Dios quiere que tengamos con respecto a lo que Él nos manda que hagamos.

Escuchar a Dios

Todos podemos escuchar a Dios. A medida que andamos en el Espíritu, aprendemos a oír su voz mientras nos guía y nos ayuda; sin embargo, a las personas que son demasiado lógicas les suele resultar difícil escucharlo porque mucho de lo que Dios quiere que hagamos no tiene sentido para nuestra mente lógica o carnal. Debemos tener un cuidado especial al intentar escuchar a Dios con respecto a algo que tenemos muchas ganas

Todos podemos escuchar a Dios.

de hacer. ¿Aprueba Dios lo que queremos hacer, o es solamente algo que nos gustaría hacer? Imagina que quieres un automóvil nuevo, pero realmente no te lo puedes permitir. Tendrás que aceptar tener una deuda mayor de la que ya tienes, y sabes que la compra no es una decisión sabia. Pero *realmente* quieres el automóvil. Ni siquiera te molestas en orar porque sabes en tu corazón cuál sería la respuesta. Dios no dejará de amarte si lo compras ni perderás tu salvación si lo compras, pero estarás bajo la presión de tener una deuda más grande, y antes de que te des cuenta desearías no haber comprado ese automóvil, porque una vez que se pasa la novedad no será muy distinto al que tenías antes, salvo que el pago será mayor.

Debemos tener cuidado con nuestras emociones cuando se trata de situaciones de ese tipo. Solo porque sintamos algo no significa que esos sentimientos sean de Dios. Precisamente esta semana comencé a planear algo que quería hacer, pero después de orar por ello me di cuenta de que no era sabio. Lo que necesitamos es discernimiento espiritual, no conocimiento mental, ego, lógica o emoción. También tenemos que orar por las decisiones y darle a Dios la oportunidad de hablarnos acerca de nuestras decisiones. Hacer esto es respetuoso para el Señor y le da honra.

Una de nuestras hijas tiene dos perros, y recuerdo lo que experimentó cuando eran cachorros. Ella tiene dos hijas gemelas, y querían tener unos perros gemelos, así que tienen dos malteses que son hermanas. Recientemente, mi hija y su esposo fueron a una tienda de mascotas y vieron otro encantador perrito maltés. Ella me llamó y me envió fotos, y podía escuchar en el teléfono rogándole a su esposo que le dejara tener ese cachorro. Estaba muy emocionada. Su esposo le dijo que no quería en modo alguno un perro más, y regresaron a su casa sin él. Cuando ella despertó a la mañana siguiente, pensó: *¡Gracias a Dios que no nos quedamos con ese cachorro!* Es asombroso cuántos problemas puede evitarnos dormir bien toda la noche. Antes de tomar una decisión importante, intenta dormir y comprueba si a la mañana siguiente sientes lo mismo que sentías el día anterior.

Dios quiere que hagamos lo que Él nos dice que hagamos, no solo lo que sentimos hacer. Si no seguimos su dirección, hay consecuencias. Estas consecuencias no son un castigo de Dios, sino el resultado natural de las malas decisiones. Si gastamos más dinero del que tenemos, sufriremos las consecuencias de estar endeudados, lo cual causa estrés, problemas matrimoniales frecuentes e incluso enfermedad, en el caso del estrés prolongado.

> *Haz lo que Dios te dice que hagas, no lo que sientes hacer.*

Podrías decir: «¿Y qué hay del perdón?». Si nos arrepentimos, Dios nos perdona y a veces incluso nos da misericordia que alivia o elimina las consecuencias, pero si seguimos teniendo que aprender la misma lección una y otra vez, Dios finalmente dejará que suframos las consecuencias para ayudarnos a aprender a no volver a hacerlo. Si esto sucede, lo hace siempre en amor. Dios castiga (corrige y disciplina) a los que ama (Hebreos 12:6 rvc).

Cuando se trata de escuchar a Dios, todos cometemos errores algunas veces. Una vez le preguntaron a un hombre de Dios maravilloso y maduro cómo aprendió él a escuchar a Dios, y dijo: «Cometiendo muchos errores». No tengas tanto miedo a cometer un error que ni siquiera te aventures a aprender a escuchar de Dios y cómo ser guiado por el discernimiento en lugar de por tu mente natural. Ningún niño pequeño aprende nunca a caminar sin caerse muchas veces. Si malinterpretas lo que Dios te está diciendo y cometes un error, Él te encontrará y te ayudará a levantarte y situarte de nuevo.

Discernimiento

¿Qué es el discernimiento? *Discernir* sencillamente significa distinguir entre lo bueno y lo malo. Proverbios habla de esto extensamente. El discernimiento se ve como una virtud en la fe cristiana. Una persona con discernimiento es considerada como alguien con sabiduría y buen juicio.

> Una persona con discernimiento tiene sabiduría y buen juicio.

El versículo al inicio de este capítulo nos dice que la persona espiritual discierne, mientras que la persona natural no puede hacerlo. El discernimiento viene del espíritu de alguien (de su ser interior). Mediante el discernimiento sabemos lo que está bien o mal, lo que es correcto o incorrecto. Uno de los dones del Espíritu que Pablo menciona en 1 Corintios 12 es el don de discernimiento de espíritus (v. 10). Las personas que tienen este don conocen la naturaleza del espíritu en una persona. Si están junto a alguien malvado, lo reconocen. También sabrán si la persona tiene buenas intenciones y si es sabio o no involucrarse con ella. Tal vez no tengan una prueba natural, pero lo saben en su espíritu y son lo suficientemente sabios como para escuchar ese discernimiento antes y por encima de lo que ven, piensan o sienten.

Debido al gran engaño que existe hoy día en nuestro mundo, el discernimiento es más importante que nunca. Pero, por favor, recuerda que las personas que son naturales no tienen discernimiento espiritual porque juzgan las cosas sobre la base del conocimiento natural, la lógica, o lo que es visible al ojo humano.

Ha habido ocasiones en las que alguien ha solicitado trabajar en nuestro ministerio y, sobre el papel, esa persona parecía estar bien preparada. Todo se veía estupendo, pero yo no me sentía tranquila en mi espíritu. Siempre que he ignorado esa sensación interior de precaución me ha causado problemas, pero cuando la he obedecido, la vida ha resultado pacífica. Colosenses 3:15 en la versión Amplificada nos dice que la paz «actúe como árbitro» en nuestra vida. Los árbi-

> Deja que la paz sea tu árbitro.

tros dicen si un gol entró o no en los juegos deportivos, y si dejamos que la paz sea nuestro árbitro, ésta nos dejará saber si deberíamos o no hacer algo.

Nuestro hijo pequeño tiene un don de discernimiento y sabiduría muy fuerte, superior a sus años de experiencia. Es el CEO de todas las comunicaciones en los medios y operaciones de nuestro ministerio y hace un trabajo fantástico, en gran medida porque tiene discernimiento en cuanto a qué hacer y qué no hacer. Puede discernir si es el momento indicado para ciertas cosas y cuándo deberíamos esperar. Se toma su tiempo para tomar las decisiones. Deja que las cosas se asienten en su corazón por un tiempo para ver si lo que siente es correcto. No puedo enumerar todas las veces que me ha dicho que tal o cual persona no es alguien con quien deberíamos relacionarnos o que alguien está haciendo algo que no debería hacer. Al mirar a dicha persona con mis ojos naturales yo no era capaz de ver ningún problema, pero después resultó que mi hijo tenía la razón. El discernimiento es una habilidad maravillosa. No todos tiene el don espiritual del discernimiento, pero todos podemos desarrollarlo más aprendiendo a escuchar a nuestro corazón, siendo más intuitivos y asegurándonos de tener paz con respecto a nuestras decisiones.

Ora siempre por las decisiones que vas a tomar. Tal vez te

sientas de cierta manera con respecto a una decisión antes de orar por ello, y quizá después de orar comienzas a sentir algo distinto. Reconoce a Dios en todo lo que hagas, y será más probable que seas guiado por el Espíritu. Hoy mismo, yo estaba muy emocionada por hacer algo. Quería ir a Brasil y ministrar la Palabra, pero todavía no había orado por ello. Cuando comencé a orar, vi todo tipo de razones por las que un viaje no sería bueno para mí en este momento. Permíteme decirlo de nuevo: *Ora siempre por las decisiones importantes antes de tomarlas.* También te recomiendo que, cuando tomes decisiones importantes, esperes antes de dar la respuesta final. Ya sea una sola noche o varios días, esperar un poco es mucho mejor que cometer un error irreversible que te produzca dolor o dificultades, quizá durante años.

Tener prisa para conseguir lo que queremos puede ser un síntoma de egoísmo. A fin de cuentas, sea lo que sea, lo queremos. Pensamos que nos lo merecemos. ¡Vamos a conseguirlo! Sin embargo, si hacemos algo simplemente por egoísmo y no usamos la sabiduría, no seremos felices en el largo plazo por mucho que hayamos conseguido. Quizá seamos felices por un tiempo porque conseguimos lo que queríamos, pero la realidad al final llegará y el dolor ahogará cualquier resquicio de felicidad que nos quede. Justo en este momento, me imagino a miles y miles de personas que viven de forma miserable por haber tomado una decisión emocional que podrían haberse evitado si tan solo hubieran sido pacientes y hubieran tomado un tiempo para pedirle a Dios que les ayudara a discernir lo que debían hacer.

Las emociones fluctúan

Aunque es un error tomar decisiones basándonos solamente en la lógica, también es un grave error tomar decisiones basándonos

solamente en las emociones. Las emociones fluctúan constantemente. Suben
y bajan como un yoyó. Quizá acorda-
mos hacer algo o comprar algo cuando
las emociones estaban por las nubes, y

> *Deja que se pasen las emociones, y después decide.*

cuando se asientan y bajan a un nivel normal lamentamos lo que
hicimos. Yo suelo decir con frecuencia: «Deja que se pasen las
emociones y luego decide» especialmente si la decisión que estás
tomando es importante. No tomes decisiones cuando las emociones están muy altas o cuando estén hundidas y por los suelos.

He participado en sesenta y siete viajes misioneros interna-
cionales, y muchos de ellos incluían más de cuarenta horas de
vuelo en todo el viaje y un horario muy apretado en otros países.
Organizamos cruzadas en esos países, y muchas veces la última
noche en todos ellos las multitudes eran enormes. Recuerdo que
a un cruzada en particular asistieron más de un millón de personas durante las cuatro noches que estuvimos allí. En medio
del maravilloso tiempo de adoración, al predicar a esa cantidad
de personas y ver a cientos de miles de ellas recibir a Cristo,
me emocioné mucho. Tras experiencias como esa, recuerdo
varias veces subirme al avión para regresar a casa y hablar con
nuestro hijo mayor, que es el CEO de Hand of Hope (Mano de
Esperanza), de Joyce Meyer Ministries World Missions sobre
comenzar a planificar otro viaje al mismo lugar al año siguiente.
Basado en nuestra conversación, él comenzó a planificarlo.
Al llegar a casa muy cansada y lidiar con el cambio horario, a
menudo lo llamaba y decía: «¿Por qué no esperamos en cuanto
a planificar otro viaje a ese lugar ahora mismo, ya que tenemos
otros muchos que hacer?». Después de que esto mismo ocurriera
varias veces, él aprendió a esperar hasta que mis emociones se
calmaran antes de comenzar a planificar viajes de regreso.

Cuando estoy descansada y me siento fuerte, pienso que

puedo hacer cualquier cosa; sin embargo, mi familia y mi equipo de liderazgo se han dado cuenta ya de que no soy tan joven como antes y que lo que yo *creo* que puedo hacer y lo que *realmente* puedo hacer son dos cosas distintas. Mi familia interviene y dice: «*No, mamá*. No puedes hacer eso; es demasiado duro para ti. No tienes que viajar más de lo que ya viajas».

Por fortuna, puedo llegar a más personas en treinta minutos en televisión que recorriendo el mundo entero para enseñar a la gente presencialmente. Tal vez estar en un estudio de televisión no sea tan emocionante para mí como viajar a otros países, pero me ayudará a vivir más tiempo y dar más fruto en el largo plazo. Es importante que todos hagamos lo que dé más fruto para el reino de Dios en lugar de hacer meramente lo que es emocionante.

> *La emoción dura poco, pero la paz permanece.*

La emoción dura poco, pero la paz permanece y es uno de los recursos más valiosos que tenemos.

Recuerda que las personas naturales viven por lo que quieren, piensan y sienten, pero los que son espirituales viven por el discernimiento y por la Palabra de Dios. Cuando tengas que tomar una decisión, habla con Dios al respecto y acalla tu alma (tu mente, tu voluntad y tus emociones) para que puedas discernir lo que Él te esté guiando a hacer.

CAPÍTULO 10

Morir al yo

Dirigiéndose a todos, declaró:—Si alguien quiere ser mi discípulo, que se niegue a sí mismo, tome su cruz cada día y me siga.

Lucas 9:23 NVI

En este capítulo del libro y los dos siguientes, le pido a Dios que sea capaz de explicarte con más claridad lo que se necesita para morir al yo y crucificar la carne (la naturaleza de pecado). Los capítulos clave en el Nuevo Testamento que nos ayudan a entender lo que es morir al yo y nos ayudan a empoderarnos para hacerlo son Romanos 6–8.

A estas alturas del libro, ya he mencionado lo que creo que son los tres componentes del egoísmo: seguir lo que queremos, pensamos y sentimos sin preocuparnos de cómo afecta a otros. Espero que ahora puedas ver que enfocarnos en lo que queremos, pensamos y sentimos se juntan para producir una vida más egoísta. Son funciones del alma (la carne); es decir, que emanan de nuestra naturaleza humana natural. Todas tienen una palabra en común: *Yo*, la cual se refiere a uno mismo. Recuerda que las personas egoístas viven su vida con tres preguntas en su mente: «¿Qué es lo que *yo* quiero?». «¿Qué es lo que *yo* pienso?». «¿Cómo me siento *yo*?». Además, menudo piensan o dicen: «¿Y qué hay de mí?».

El Espíritu y la Palabra nos ayudan a morir al yo

Cuando llegué a un punto en mi vida en el que sabía que necesitaba morir al yo (a seguir mi propia voluntad) y crucificar mi carne, en lugar de trabajar con el Espíritu Santo y aprender a considerarme muerta con Cristo como dice Romanos 6:8 seguía alimentando mi carne. Esto, por supuesto, la mantenía muy viva. Hacer morir la carne simplemente significa dejar de permitir que nos controle. Esto no es algo que se puede hacer solamente con mucha fuerza de voluntad. Necesitamos que el

Espíritu Santo nos fortalezca y nos ayude constantemente, algo para lo que siempre está listo si se lo pedimos y colaboramos con Él. «Morir al yo» es otra manera de decir crecer y madurar espiritualmente o ser transformado a la imagen de Cristo (Romanos 8:29).

Nuestra carne nos dice lo que queremos, lo que pensamos y lo que sentimos, pero eso no nos dice cuál es la voluntad de Dios. Para conocer la voluntad de Dios, debemos conocer la Palabra de Dios y aprender a discernir al Espíritu Santo.

Hablando de la carne, Pablo escribe que nosotros morimos cuando Cristo murió (Romanos 6:6-8). Pero también dice que debemos considerarnos muertos al pecado pero vivos para Dios en Cristo (Romanos 6:11). ¿Te ves a ti mismo como Cristo dice que estás? ¿O te ves según la forma en que te comportas? Tu comportamiento no cambiará hasta que cambien tus creencias sobre ti mismo. Este principio puede ser confuso, así que intentaré explicarlo de modo simple.

> Tu comportamiento no cambiará hasta que cambien tus creencias sobre ti mismo.

No siempre sentimos que experimentamos estar muertos al pecado, así que no creemos que estamos muertos al pecado. Por eso, seguimos intentando morir a lo que la Biblia dice que ya hemos muerto. En el ámbito natural, queremos ver y sentir las cosas antes de creerlas, pero en el reino de Dios es lo contrario. Debemos creer por fe lo que dice la Palabra de Dios antes de que suceda. La fe es la evidencia y prueba de la realidad de cosas invisibles (Hebreos 11:1). Deberíamos creer que estamos muertos al pecado y que éste no tiene poder sobre nosotros, y entonces comenzaremos a vivir en victoria sobre el pecado. Aprendemos a creer las cosas de Dios renovando nuestra mente. Cuando comencé a aprender acerca del poder de pensar bien, comencé

> *Cree la Palabra de Dios más de lo que crees en lo que experimentas.*

a pensar a propósito: *he muerto al pecado.* Este pensamiento intencional me ayudó a creer finalmente esta verdad bíblica. Debemos aprender a creer en la Palabra de Dios más que en lo que experimentamos. Nunca estaremos totalmente libres de pecado, pero podemos pecar cada vez menos al aprender quiénes somos en Cristo y entender verdaderamente lo que Él ha hecho por nosotros.

Acuérdate de los israelitas

Acuérdate de los israelitas, que estuvieron cautivos en Egipto. Cuando salieron de Egipto, un lugar de esclavitud, Egipto todavía seguía en ellos; es decir, todavía tenían la mentalidad que viene con un cautiverio. En varias ocasiones, cuando sus circunstancias fueron difíciles, quisieron regresar a Egipto. ¿Por qué querían regresar a la esclavitud y el cautiverio en lugar de soportar las dificultades para alcanzar su libertad? Porque las personas tienden a querer lo que les resulta familiar cuando la vida es difícil. Por ejemplo, un exdrogadicto puede querer regresar a las drogas cuando la vida es difícil, o un alcohólico puede querer regresar al alcohol cuando la vida es complicada. Por eso los nuevos creyentes a menudo se ven tentados a regresar a su antiguo estilo de vida cuando descubren que su nueva vida en Cristo no siempre es fácil.

Aunque la mayoría de las personas que salieron de Egipto murieron en el desierto, con la excepción de Josué y Caleb (Números 32:11–13), sus hijos entraron en la Tierra Prometida, conocida como Canaán. Aún tenían mucho que aprender, y Dios les enseñó a confiar en Él mientras veían su fidelidad una y otra vez.

Así como los israelitas tuvieron que aprender a vivir en la libertad que habían recibido, nosotros tenemos que aprender a vivir en la libertad del pecado que Cristo nos ha dado. Cuando nacemos de nuevo se nos da una nueva naturaleza, y aunque nuestro viejo yo murió legalmente con Cristo cuando Él murió, todavía tenemos que recordar frecuentemente que la vieja naturaleza está muerta y no dejar que nos controle.

Estudia y entiende

Es muy importante que estudiemos y entendamos Romanos 6–8, porque en estos capítulos Pablo presenta con profundidad la doctrina de estar muerto al pecado. Un comentario bíblico puede ser útil para entenderlos, y hay disponibles muchos y muy buenos, como los escritos por Matthew Henry, Warren Wiersbe, D. L. Moody y Charles Spurgeon. Martyn Lloyd-Jones también tiene un estudio maravilloso sobre todo el libro de Romanos. El entender a veces requiere un estudio profundo, y el tema de estar muerto al pecado es uno que creo que requiere estudio antes de poder tener la revelación necesaria en estas áreas. Leer simplemente este libro no será suficiente. No son áreas que se enseñen con mucha frecuencia, pero creo que son algunas de las más importantes de la Biblia.

CAPÍTULO 11

Vivir para Dios

Mi antiguo yo ha sido crucificado con Cristo. Ya no vivo yo, sino que Cristo vive en mí. Así que vivo en este cuerpo terrenal confiando en el Hijo de Dios, quien me amó y se entregó a sí mismo por mí.

Gálatas 2:20

Saber con exactitud cuándo ocurrieron ciertos eventos en la antigüedad puede resultar difícil, y los eruditos a veces discrepan. Pero mi investigación indica que Pablo escribió su epístola a los Gálatas sobre el año 55-59 d. C., tras haberse convertido a Cristo en el 33 d. C. Esto significa que escribió que ya no vivía él, sino que Cristo vivía en él, entre veintidós y veinticinco años después de su encuentro inicial con Jesús (Hechos 9). Esto es alentador para mí, porque poder decir con peso «ya no vivo yo, sino que Cristo (el Mesías) vive en mí» toma tiempo y experiencia con Dios. Debemos morir al yo para vivir para Dios, pero en ocasiones este proceso puede ser doloroso para nuestra alma. Estamos progresando todo el tiempo, pero morir por completo al yo significa soltar cosas que no queremos dejar, y podemos incluso pensar que no podemos soltarlas. Sin embargo, recuerda que Dios nunca trata de quitarte algo que te gusta porque es mezquino o para castigarte. Él siempre te guía a hacer lo que más te beneficiará en el largo plazo, porque te ama y solo quiere lo mejor para ti. Cuando creemos esto de corazón, es mucho más fácil soltar rápidamente.

Pablo escribe que *nosotros* estamos muertos al pecado, pero no que el *pecado* esté muerto (Romanos 6:11 NVI). El pecado está muy vivo, y la tentación de pecar es parte de nuestra vida. Pero en Cristo estamos muertos al pecado; es decir, como Dios nos da una nueva naturaleza cuando nacemos de nuevo, realmente no queremos pecar. A menudo puede que sintamos que una parte de nosotros quiere pecar, y una parte de nosotros quiere ser santa y hacer todo lo que Dios quiere que hagamos. En ese momento es cuando podemos decidir no pecar.

No tiene sentido orar para no ser tentados, porque todos seremos tentados en varias ocasiones y de diversas maneras. Jesús dice en Lucas 17:1: «Siempre habrá tentaciones para pecar». En cambio, deberíamos orar para no sucumbir a la tentación. El Padrenuestro dice: «Y no nos dejes caer en tentación» (Mateo 6:13 NVI). No dice: «quita la tentación».

El diablo puede *tentarnos* a pecar, pero no puede *forzarnos* a pecar. Tenemos que resistir el pecado en el poder del Espíritu Santo; y, cuanto antes lo hagamos, más fácil será vencer la tentación. Jesús incluso dice: «Y si tu ojo derecho te es ocasión de pecar, arráncalo y échalo de ti...Y si tu mano derecha te es ocasión de pecar, córtala y échala de ti» (Mateo 5:29–30 LBLA). Él no quiere que literalmente nos saquemos el ojo y nos cortemos la mano; nos está dando una imagen de la manera tan decidida y agresiva con la que debemos lidiar con el pecado.

> El diablo puede tentarte a pecar, pero no puede forzarte a pecar.

Por ejemplo, si eres una mujer casada que trabaja con un hombre al que te sientes atraída y él coquetea contigo regularmente y te invita a almorzar o incluso te pide abiertamente que salgas con él, dile que no con firmeza. Si el coqueteo continúa y puedes sentir que eres débil y crees que podrías ceder, encuentra otro trabajo. El mismo principio es aplicable a un hombre casado que se vea tentado a pecar teniendo una aventura extramatrimonial con una mujer que no es su esposa. Si no puedes resistir una tentación concreta, *aléjate de ella*. Deberíamos huir de la tentación como huimos de una serpiente venenosa.

Del mismo modo, si estás intentando perder peso y no te puedes resistir al dulce, no lo tengas en casa. Si tienes que comprarlo para tu familia, entonces tira las sobras una vez que tus familiares hayan comido lo que hayan querido. Una amiga me dijo recientemente: «Compré una tarrina de helado y me comí una buena porción. Después tiré el resto porque sabía que, si lo dejaba allí, me comería el resto».

He desarrollado un hábito que me ayuda a no comer en exceso. Como hasta que comienzo a sentirme llena. Cuando lo noto, aparto mi plato de mí. Si estoy comiendo fuera de casa, en cuanto veo al camarero le pido que se lleve mi plato. Si alguien está comiendo conmigo y quiere llevarse a casa las sobras, pido una caja. Si dejo la comida en el plato, puede que sienta la tentación de tomar un bocado más, después otro, y luego otro hasta terminar sintiéndome mal por haber comido demasiado.

Deja de pensar en ello

Nos convertimos en lo que pensamos en nuestro corazón (Proverbios 23:7), y por eso es tan importante dejar de pensar en el pecado que te tienta. Pensar en ello, y a la vez esperar que no suceda, es coquetear con el pecado. Una persona puede cometer adulterio en su mente, según Mateo 5:28. Dios quiere que seamos puros de corazón, lo cual significa tener pensamientos puros.

> Más bien, vístanse con la presencia del Señor Jesucristo. Y no se permitan pensar en formas de complacer los malos deseos.
>
> Romanos 13:14

No harás algo que nunca hayas imaginado que harías (o pensado en ello). Morir al yo significa escoger la voluntad de Dios en lugar de lo que queremos, pensamos o sentimos , por muy difícil que sea. Para hacer esto, necesitamos mucha ayuda del Espíritu Santo, así que asegúrate de pedírsela. Cuando comiences tu viaje hacia morir al yo, te resultará muy difícil. Puede que falles muchas veces, como a todos nos pasa, pero si permaneces en la Palabra de Dios y ejercitas tu fe para resistir la tentación, finalmente llegarás a estar, como escribe Pablo, «muerto al pecado» (Romanos 6:11). Cuando cometas errores, arrepiéntete, recibe el perdón de Dios y suéltalo. No malgastes tiempo sintiéndote culpable. Sigue el ejemplo de Pablo en Filipenses 3:13–14 (NVI):

> *Morir al yo significa escoger hacer la voluntad de Dios.*

> Hermanos, no pienso que yo mismo lo haya logrado ya. Más bien, una cosa hago: olvidando lo que queda atrás y esforzándome por alcanzar lo que está delante, sigo avanzando hacia la meta para ganar el premio que Dios ofrece mediante su llamamiento celestial en Cristo Jesús.

Al morir al yo, experimentaremos un dolor verdadero; no un dolor físico sino un dolor emocional. En lugar de resistirlo, te recomiendo que te relajes y dejes que haga su efecto. Cuando una mujer está dando a luz, la tentación natural es resistir el dolor, pero los profesionales médicos que le ayudan le recuerdan que se relaje y respire. Morir al yo es como dar a luz. Estás dando a luz a un nuevo ser, que eres tú, alguien más preocupado por la voluntad de Dios que por la tuya propia.

> *Al morir al yo, experimentarás dolor emocional.*

A nadie le gusta no salirse con la suya, pero seguir la voluntad de Dios es siempre mejor a la larga. En el proceso de renunciar a lo que queremos no nos damos cuenta de que el camino de Dios será mejor que el que tenemos actualmente. Cuanto más tiempo llevemos en el viaje de morir al yo, más cuenta nos daremos de que el camino de Dios es mejor, aunque no lo entendamos en el momento.

Cuanto menos pienses en tu propio camino, más fácil será soltarlo. Nuestros pensamientos nos afectan más que cualquier otra cosa, y los tuyos pueden ser clave para la victoria. Cuando seas tentado a pecar, piensa en lo que producirá ceder a ese pecado. No pienses solo en el momento de placer que esperas tener al hacerlo; piensa también en las consecuencias.

Si fueras alcohólico y llevaras sobrio dos años, lo último que deberías hacer es ir con tus amigos a un bar. Si necesitas estar en algún lugar donde se sirven licores y puedes ser tentado a beber, tan solo recuerda cómo era tu vida antes de recuperar la sobriedad. Después pregúntate si realmente quieres regresar a esa situación.

Hay veces en las que me veo tentada a hacer algo que sé que no debería hacer o a comportarme de una manera que sé que no agradaría a Dios, y me digo a mí misma en voz alta: «Joyce, para. Haz lo que sabes que debes hacer, no lo que tienes ganas de hacer». Esto siempre me ayuda.

El egoísmo conduce a una vida solitaria

Las personas egoístas terminan solas. Jesús dice en Juan 12:24: «Les digo la verdad, el grano de trigo, a menos que sea sembrado en la tierra y muera, queda solo. Sin embargo, su muerte producirá muchos granos nuevos, una abundante cosecha de nuevas vidas».

> Las personas egoístas terminan siendo personas solitarias.

Jesús murió, resucitó de la muerte y fue el primogénito entre muchos (Romanos 8:29). Tuvo que morir para abrirnos el camino. Murió para que pudiéramos vivir, y debemos morir al yo (egoísmo) para poder ser un buen ejemplo para

otros y que así puedan encontrar a Cristo
y experimentar la verdadera vida en

> *Entrégate y vive para
> lo que Dios desee.*

Él. He tenido el privilegio de enseñar a
millones de personas durante los años,
pero si hubiera rehusado morir al yo, me habría perdido el gozo
de poder ayudar a esas personas. Estoy segura de que Dios
habría encontrado a otra persona que quisiera obedecer, pero
yo me habría perdido el mayor privilegio de mi vida. Todavía
cometo errores, como todos, pero mi meta es no ser egoísta y
egocéntrica, y creo que estoy progresando en ello poco a poco.

La clave para la verdadera felicidad es entregarte y vivir para
lo que Dios desee.

Solas entre una multitud

Las personas egocéntricas pueden sentirse solas incluso en una
habitación llena de gente. Están enfocadas en sí mismas, así que
lo único que tienen es a sí mismas. Piensan solo en su apariencia y en lo que los demás estén pensando de ellas. Se preguntan
cómo les puede gustar a los demás la ropa que llevan puesta o
sus peinados. Si alguien que es importante según el mundo está
ahí, intentan acercarse a esa persona para poder sentir que también son importantes. Si parece que nadie les presta atención,
se van a su casa sintiéndose muy mal y más solos que cuando
llegaron. Las personas egoístas e inseguras piensan que no les
caen bien a nadie y que les ignoran a propósito. Puede que eso
no sea cierto, pero se lo creen porque están obsesionadas consigo
mismas.

Como dice Steve Maraboli: «Las personas egoístas tienden a
ser buenas solamente consigo mismas...y después se sorpren-
den al estar solas».[10]

Orgullo

El orgullo es la raíz de todo egoísmo. Las personas orgullosas piensan en lo que les está ocurriendo sin ser sensibles a lo que les ocurre a otros. Dios quiere que seamos humildes. La verdadera humildad no significa infravalorarte; significa no estar consumido con pensamientos sobre ti mismo y cómo conseguir lo que quieres. Las personas que andan en humildad se humillan bajo la poderosa mano de Dios y confían en que Él los exaltará a su debido tiempo, según 1 Pedro 5:6. Están contentas por ser una bendición para otros; sin embargo, las personas egoístas y orgullosas solo quieren ser bendecidas personalmente. Cuando estamos libres de orgullo y egoísmo, entonces y solo entonces el Espíritu Santo puede llenar cada aspecto de nuestra vida. Una buena pregunta que podemos hacernos es esta: «¿Con qué frecuencia pienso en otros comparado con la frecuencia en que pienso en mí mismo?». Si todas las personas casadas se preguntaran cada mañana: «¿Qué puedo hacer hoy por mi cónyuge?», dudo que hubiera muchos divorcios.

> *Dios quiere que seas humilde.*

El orgullo egoísta conduce a la arrogancia porque nos hace pensar que somos mejores que otras personas. La versión Amplificada de Romanos 12:3 nos dice que no deberíamos tener una opinión exagerada de nuestra propia importancia, sino vernos según la fe que Dios nos ha dado. En otras palabras, si eres bueno en algo, es porque Dios te ha hecho así. Los que menosprecian a otros por no saber hacer lo que ellos hacen están llenos de orgullo y creen erróneamente que tienen algo que ver con las habilidades que tienen. Cuando nos consideramos mejores que otros, los

> *Pregúntate: «¿Qué puedo hacer hoy por los demás?».*

vemos como «por debajo» de nosotros y los tratamos en consonancia. Si prestamos atención al presidente de una empresa pero ignoramos al conserje, tenemos un problema de orgullo. Si pensamos que siempre tenemos la razón y que otras personas no saben de lo que hablan, tenemos un problema con el orgullo. Si no escuchamos las opiniones de los demás, tenemos un problema con el orgullo. Si no podemos aceptar la corrección sin enojarnos o ponernos a la defensiva, tenemos un problema con el orgullo. El orgullo y el egoísmo van de la mano; donde veamos uno, también encontraremos al otro.

Jesús murió para que pudiéramos ser libres del egoísmo

Refiriéndose a Jesús, 2 Corintios 5:15 dice: «Y él murió por todos, para que los que viven ya no vivan para sí, sino para el que murió por ellos y fue resucitado» (NVI). Te animo a leer despacio este versículo. Jesús murió para que ya no viviéramos para nosotros mismos (egoístamente), sino para que pudiéramos vivir para Él, haciendo su voluntad. Él quiere que disfrutemos de nuestra vida (Juan 10:10); por lo tanto, seguro que si vivimos para Él y para otros en lugar de para nosotros mismos tendremos más gozo. Ser desprendido es tan importante que es una razón por la cual Jesús murió por nosotros. Él quiere que seamos libres del egoísmo. Pienso que la mayor libertad de todas es ser libre de uno mismo.

Algo que me ocurrió esta mañana me recordó cuán incesante es el egoísmo. En medio de estar escribiendo este libro sobre no ser egoísta, nuestra hija llamó y preguntó si me gustaría cenar con ellos esa noche y ver una película. Dave estaba fuera de la ciudad, y pensaron que no querían que estuviera sola. Me preguntaron qué película quería ver, y me dieron algunas sugerencias. Yo dije no a cada una de ellas y seguía pensando en lo que *yo* quería ver. Tres horas después, de repente me di cuenta de que estaba siendo egoísta al no interesarme por qué película querían ver ellos y pensar solamente en la que yo quería ver.

Esto me recordó que el egoísmo es algo con lo que tenemos que ser diligentes a la hora de vigilarlo y guardarnos de él. Debemos estar decididos a «pensar en otros» para no ser egoístas y egocéntricos. Llamé a mi hija y le dije que escogiera ella la película, porque eso es lo que debería hacer una persona que no es egoísta. No es que yo tuviera en mente una película que tuviera muchas ganas de ver. Fue solo que quería ser yo quien escogiera la película para asegurarme de que me iba a gustar.

El escritor Stephen Kendrick dice: «Casi todas las acciones pecaminosas que se hayan cometido jamás pueden remontarse a una motivación egoísta. Es un rasgo que odiamos en otras personas pero que justificamos en nosotros mismos».[11]

¿Quién es el más importante?

Llegaron a Capernaúm. Cuando ya estaba en casa, Jesús preguntó: —¿Qué venían discutiendo por el camino? Pero ellos se quedaron callados, porque en el camino habían discutido entre sí quién era el más importante. Entonces Jesús se sentó, llamó a los doce y les dijo: —Si alguno quiere ser el primero, que sea el último de todos y el servidor de todos.

Marcos 9:33–35 NVI

Me alienta saber que incluso los discípulos de Jesús fueron egoístas a veces y discutieron unos con otros sobre quién sería el más importante, como leemos en Marcos 9:33-35. El orgullo y el ego son nuestros mayores enemigos. La humildad es una virtud que no es fácil de mantener. Debe ser algo por lo que orar especialmente y algo en lo que pensemos regularmente. Las personas humildes no se preocupan de ser primeras o últimas, mientras estén en la voluntad de Dios. Recuerda que, si nos humillamos, Dios nos exaltará. Si estamos dispuestos a ser los últimos, Dios a menudo nos coloca los primeros. Pero la decisión debe ser de Él y no ser algo que nos esforcemos por conseguir por nosotros mismos.

Servir a otros es algo natural para las personas que tienen el don de ayudar a otros. Yo no tengo ese don, así que tengo que servir a propósito. Aunque tengas el don de ayudar a otros y te encante servir a la gente, puedes ser egoísta de otras maneras. El egoísmo es una enfermedad que nos afecta a todos de un modo u otro.

Charles Spurgeon dijo: «Ahora he concentrado todas mis oraciones en una, y esa oración es esta: que muera al yo, y viva totalmente para Él».[12] Esta es una oración maravillosa, y todos deberíamos hacerla.

¿De qué estás lleno?

Pablo hace la siguiente oración por sus lectores:

> [Para que verdaderamente] conozcan [de forma práctica, mediante su propia experiencia] el amor de Cristo, que sobrepasa todo conocimiento [sin experiencia]; para que sean llenos [en todo su ser] de toda la plenitud de Dios [para que tengan la mejor medida de la presencia divina, y se conviertan en *un cuerpo totalmente lleno e inundado de Dios mismo*]!
>
> Efesios 3:19 AMP, traducción libre
> (énfasis de la autora)

Yo solía orar con regularidad para ser simplemente un cuerpo totalmente lleno de Dios, pero al leer este pasaje para incluirlo en este libro, me recuerda que hace mucho tiempo que no hago esta oración, por lo que sin duda volveré a hacerla. Realmente no quiero ser egoísta, y aunque haya progresado, sé que me queda mucho por recorrer.

Pasé muchos años de mi vida enojándome cuando no conseguía lo que quería. Por fortuna, ya no respondo con ira cuando no consigo lo que quiero, pero en algunas áreas definitivamente quiero lo que quiero y no soy tímida al intentar conseguirlo. Un área débil en mí tiene que ver con comer. Dónde como y lo que como en mi comida principal del día es muy importante para mí. Debido a nuestro estilo de vida, Dave y yo comemos mucho fuera de casa o encargamos comida a domicilio (es decir, que no cocino yo). No como mucho, así que lo que como quiero que *me guste*. Paso demasiado tiempo intentando saber cuál es la comida perfecta. Ahora, imagino que después de compartir mi debilidad contigo, debo comprometerme a cambiar. Por mucho tiempo que pase intentando averiguar cuál es la comida perfecta, coma lo que coma, cuando estoy llena no parece haber diferencia alguna.

Imagina cuán maravilloso sería simplemente ser alguien totalmente llena de Dios. Mark Batterson dice que «si no estás hambriento de Dios, estás lleno de ti mismo».[13] Empieza a prestar atención a la cantidad de tiempo que pasas pensando en ti y en cuánta energía empleas intentando salirte con la tuya. Una vez que sepas dónde estás actualmente, podrás comenzar a mejorar.

No entres en conflictos

Al considerar lo que queremos para nosotros mismos, deberíamos buscar la guía del Espíritu Santo. No deberíamos decidir tan solo que no queremos nada para nosotros. Como dije antes, eso no estaría balanceado. Una cosa es cierta, sin embargo: no deberíamos permitir conflictos en nuestras relaciones al intentar conseguir lo que queremos. Si nos deleitamos en Dios, Él nos concederá los deseos de nuestro corazón (Salmos 37:4), y no tendremos que malgastar nuestro tiempo intentando hacer que las cosas sucedan. Confíale a Dios tus deseos, y deja que Él te los conceda (si lo hace) cuando Él crea que es el mejor momento.

> Confíale a Dios tus deseos.

Santiago escribe que las cosas que queremos e intentamos conseguir por nosotros mismos causan conflictos. Y, si no podemos conseguirlo, entonces peleamos y nos volvemos celosos, y nuestros deseos no se cumplen (Santiago 4:1). Este versículo deja claro que no debemos permitir el conflicto en nuestras relaciones al intentar conseguir lo que queremos. En lugar de ello, sencillamente debemos pedirle a Dios lo que necesitamos. En el siguiente versículo, Santiago enseña lo que yo he mencionado varias veces en este libro: «No tenéis, porque no pedís» (Santiago 4:2 LBLA). Cuando aprendí este versículo por primera vez, fue en un momento muy importante en mi caminar con Dios. Me di cuenta de que, cuando quería algo y no lo conseguía, debía orar por ello en lugar de comenzar a pelear por ello o frustrarme al intentar hacer que sucediera en mis propias fuerzas. Si Dios quería que lo tuviera, Él me lo daría a su manera y a su tiempo. Esto hizo que se me quitara una carga muy pesada de mis hombros.

Morir al yo y vivir para Dios no es fácil, pero es mucho mejor que seguir siendo egoísta y egocéntrica. Puede que sea una búsqueda de por vida, pero es algo que vale la pena perseguir.

CAPÍTULO 12

Pertenecer a Cristo

Los que son de Cristo Jesús han crucificado la carne con sus pasiones y deseos.

Gálatas 5:24 NVI

El modo de pertenecer a Cristo es crucificar la carne (Gálatas 5:24). Como dije antes, cuando la Biblia menciona la carne se refiere a nuestra naturaleza pecaminosa, la cual se expresa mediante nuestro cuerpo, nuestra mente, nuestra voluntad y nuestras emociones. Cuando nacemos de nuevo, nos unimos a Cristo (Filipenses 2:1 NVI). Posicionalmente (como una realidad espiritual), somos uno con Él (Juan 17:21). Y también nos convertimos en su casa porque Él viene a habitar en nosotros (1 Corintios 6:19). Sin embargo, Dios no puede estar en un lugar que no sea santo porque Él es santo (1 Pedro 1:15), así que, cuando nacemos de nuevo, somos hechos santos y justos mediante la sangre de Jesús (2 Corintios 5:21; Hebreos 10:10). Pablo también escribe en Filemón 6: «y ruego que la comunión de tu fe llegue a ser eficaz por el conocimiento de todo lo bueno que hay en vosotros mediante Cristo» (LBLA). Cuando estamos en Cristo estamos llenos de cosas buenas, y tenemos que saber y reconocer esto.

La obra que Dios hace en nosotros inicialmente ocurre en nuestro espíritu, y a medida que trabajamos con el Espíritu Santo y le rendimos nuestra mente, voluntad y emociones, Él es capaz de venir a nuestra alma así como a nuestro espíritu. Pablo ora por los creyentes en Efesios 3:16: «Que él les conceda de las enormes riquezas de su gloria el ser fortalecidos y reforzados con gran poder en el hombre interior por el Espíritu Santo *[Él mismo morando en su ser más interior y en su personalidad]*» (Efesios 3:16, AMP, traducción libre, énfasis de la autora).

Al dar acceso al Espíritu Santo a nuestra alma, su fruto se puede ver mediante nuestra conducta; y esa es la meta. Yo puedo tener muchas cosas buenas en mi espíritu, pero si no se pueden ver mediante mi alma y en mi conducta, no seré un buen testigo o ejemplo para nadie.

Como estás en Cristo, al haberlo recibido como tu Señor y Salvador, Dios te ve como justo, santo, una nueva criatura, poderoso, fuerte, sabio, desinteresado, generoso, gozoso, pacífico, y todas las demás cosas espiritualmente buenas en las que puedas pensar. Estos atributos Dios los concede por su gracia y se reciben mediante la fe en Jesucristo. Están en tu espíritu en forma de semilla cuando naces de nuevo, pero hay que cultivarlos y atenderlos para que puedan expresarse a través de tu alma y tu carne. Esto requiere un proceso que a menudo es largo, arduo y doloroso.

George Müller hizo esta declaración:

> Hubo un día en el que morí, morí por completo; morí a George Müller, a sus opiniones, preferencias, gustos y voluntad, morí al mundo, a su aprobación o censura, morí a la aprobación o la culpa incluso de mis hermanos y amigos, y desde entonces he estudiado solamente para ser aprobado por Dios.[14]

Creo que ese fue el día en el que decidió vivir una vida desprendida, pero estoy segura de que el viaje tomó tiempo, compromiso, determinación y mucha oración, como nos ocurre a ti y a mí. Nada sucede sin una decisión, así que te animo a tomar la decisión de vivir desprendidamente y dejar que Dios se ocupe a partir de ahí. Vivir desprendidamente es algo que comienza con una decisión y después necesita muchas decisiones más y mucha ayuda del Espíritu Santo. A menudo soy egoísta sin tan siquiera darme cuenta de ello, así que tengo que pedirle al Espíritu Santo que me haga consciente cuando me esté comportando de modo egoísta.

> *Trabaja con el Espíritu Santo para que saque de ti lo que Cristo ha puesto.*

Cuando recibimos a Jesús como Salvador y Señor, no necesariamente nos hemos rendido ya a Él. Posicionalmente, estamos «en Cristo» y sentados en lugares celestiales en Él (Efesios 2:6), pero de forma experiencial estamos trabajando con el Espíritu Santo para que saque de nosotros lo que Cristo ha puesto en nosotros gratuitamente por su gracia. Jesús puede ser nuestro Salvador sin ser nuestro Señor. Cuando Él es Señor, escogemos su voluntad en lugar de la nuestra. Cuando Jesús es Señor, algo que nunca podemos decir es: «No, Señor». Si decimos no, entonces Él no es Señor. La única respuesta correcta a cualquier petición de Dios es: «Sí, Señor».

Este morir al yo es un proceso que finalmente nos lleva al final de nosotros mismos: el final de usar nuestra propia energía para intentar conseguir lo que queremos, intentar cambiarnos sin Dios, e intentar cambiar a otras personas. Es una rendición total.

Comenzamos nuestro caminar con Dios llenos de nosotros mismos, y solemos intentar hacer cosas por nosotros mismos, con nuestras fuerzas, energía y confianza humanas. Fallamos una y otra vez, y esto nos frustra porque sentimos que estamos intentando hacer lo correcto. Pensamos que intentamos hacer lo que creemos que Dios quiere que hagamos. Esto puede continuar así por años, dependiendo de cuán fuerte sea nuestra voluntad. Jesús dice: «Separados de mí no pueden ustedes hacer nada» (Juan 15:5 nvi). Leemos estas palabras y estamos de acuerdo con ellas, pero seguimos intentando hacer las cosas por nosotros mismos o probando la fórmula de mitad y mitad: parte de nosotros y parte de Jesús. Eso no funciona mejor que intentar hacerlo todo por nosotros mismos.

Yo intenté cambiarme a mí misma. Intenté hacer crecer mi ministerio. Intenté hacer cosas para las que no tenía el don. Intenté cambiar a otras personas (Dave, mis hijos, amigos, familiares y otros). Lo intenté con empeño, pero nunca rendí nada de eso a Dios. Aunque Dios quiere nuestra rendición total, espera hasta que lleguemos al final de nosotros mismos y admitamos que no podemos hacerlo si Él no nos ayuda. Tal vez entregamos a Dios un área cada vez, o quizá nos entregamos y después volvemos a tomar nosotros el control y tenemos que hacer otro viaje alrededor de «la montaña de la miseria» hasta entregarnos una vez más. Tenemos tendencia a poner cosas en el altar de Dios (entregarlas) y luego regresar y recuperarlas.

Coopera con el Espíritu Santo

El Espíritu Santo fue enviado para representar a Jesús sobre la tierra y para actuar en su lugar cuando Jesús ascendió al cielo (Juan 14:16, 16:7). El ministerio del Espíritu Santo es ayudarnos, enseñarnos toda verdad, liderarnos y guiarnos, convencernos y ayudarnos a orar (Juan 14:26; 16:8, 16:13; Romanos 8:14, 26). Él nos defiende delante del trono de Dios (Romanos 8:26) y nos consuela (Juan 14:16). Su trabajo es cambiarnos, pero tenemos que cooperar con Él. Él nos mostrará qué hacer y nos dará la gracia para hacerlo, pero somos nosotros quienes debemos actuar. La diferencia entre la vida antes de rendirnos a Él y la vida después es que antes de rendirnos tenemos muchas ideas sobre lo que *nosotros* podemos hacer para conseguir lo que queremos, e intentamos conseguirlo por nosotros mismos. Después de rendirnos solo hacemos lo que el Espíritu Santo nos muestra que hagamos, y dependemos totalmente de Él para recibir la gracia para hacerlo. No solo leemos en Juan 15:5 que separados de

Jesús no podemos hacer nada, sino que ahora verdaderamente lo creemos. Además, en este punto entramos en el descanso de Dios porque creemos en Dios y ponemos nuestra confianza en Él en lugar de ponerla en las obras de nuestra carne.

Jesús sufrió cuando fue crucificado, y nosotros también sufriremos al morir al yo. Sé que la palabra *sufrimiento* no es popular, pero es una palabra bíblica y no deberíamos ignorarla. Leí que, dependiendo de la traducción, hay más de setenta versículos que usan la palabra *sufrir* o algún derivado de ella. Primera de Pedro 4:1–2 es uno de los pasajes que nos ayuda a entenderlo:

> Por lo tanto, ya que Cristo sufrió dolor en su cuerpo, ustedes prepárense, adoptando la misma actitud que tuvo él y estén listos para sufrir también. Pues, si han sufrido físicamente por Cristo, han terminado con el pecado. No pasarán el resto de la vida siguiendo sus propios deseos, sino que estarán ansiosos de hacer la voluntad de Dios.

Nuestra carne sufre cuando no consigue lo que quiere. Sufre hasta que cedemos el control y morimos al yo. Cuando eso ocurre, el dolor cesa. Particularmente, me costó mucho soltar el control y aprender a someterme a la autoridad, especialmente a la autoridad masculina. Debido a que mi padre y algunos otros hombres habían abusado sexualmente de mí, no confiaba en los varones y me resultaba prácticamente imposible ser feliz si no se hacía lo que yo quería. Por fortuna, Dave es un hombre paciente y era muy maduro espiritualmente cuando nos casamos, aunque solo tenía veintiséis años.

Como joven esposa que era tenía muchos problemas, pero no era consciente de que tuviera ningún problema. Pensaba que todo lo que salía mal era por culpa de otros. Cuando el Espíritu Santo comenzó a revelarme la verdad sobre mí misma, me quedé impactada. Era difícil convivir conmigo, era egoísta, egocéntrica, manipuladora, controladora, insegura y negativa; y eso es solo el inicio de la lista.

Como amaba a Dios y quería hacer lo que Él quisiera que hiciera, comencé el viaje de intentar cambiarme a mí misma. Eso no salió bien; solo me produjo más sufrimiento. Solo Dios puede cambiar a un ser humano, porque el verdadero cambio debe producirse en el interior. Dios no nos ha llamado a modificar la conducta sino a la transformación. Solo Él puede hacer que las cosas buenas que ha puesto en nosotros actúen a través de nuestra alma y finalmente sean evidentes en nuestros pensamientos, palabras y acciones. Cuando esto ocurre, todos saben que hemos cambiado no porque nosotros lo digamos, sino porque ellos mismos pueden ver el cambio.

Solo Dios puede convertir una oruga en una mariposa, y solo Dios puede convertir a una persona egoísta y egocéntrica en alguien generoso y que actúa por el bien de otros, incluso si eso significa un sacrificio personal. Pablo estuvo dispuesto a renunciar a todo lo que tenía para conocer realmente a Cristo y familiarizarse más íntimamente con Él (Filipenses 3:8).

> Solo Dios puede convertir una oruga en una mariposa.

El sacrificio no es un tema sobre el que oímos mucho en estos tiempos. Tristemente, las personas prefieren mensajes que les *den* algo, no los que les enseñen a *sacrificar* algo. Algunas personas se enojan y se ofenden si su pastor habla sobre ofrendar de maneras que les parezcan excesivas. Sin embargo, creo que cuando las personas dan lo que deberían dar, no se ofenden por una enseñanza sobre dar ofrendas.

Durante años fui a la iglesia regularmente, pero nunca oí nada que me ayudara con mis problemas prácticos. Escuché mucha doctrina, y eso es valioso, pero necesitaba lecciones de vida. Necesitaba especialmente que alguien me dijera que sanar dolería mucho. La razón por la que dolería tanto es porque tendría que regresar y enfrentar cosas de las que había huido o que había enterrado en lo más hondo de mi alma; tanto, que era imposible sacarlas a la superficie. También estaba llena de rencor hacia las personas que me habían dañado, y eso estaba envenenando mi alma. Solamente enfrentar el hecho de que los problemas que tenía eran mi responsabilidad y de nadie más fue algo extremadamente doloroso. Me dolía en mi orgullo. Yo era como era por el abuso sexual que había sufrido, pero también estaba usando mi pasado como una excusa para quedarme así, aunque Dios estaba dispuesto a sanarme. Estaba llena de autocompasión y culpa, y Dios tuvo que tratar conmigo con respecto a todos los problemas de mi alma. Si vives con una mentalidad de víctima, siempre serás una víctima. Ser libre y morir al yo para poder vivir para Dios es una opción y Dios te ayudará, pero tienes que decidir hacerlo.

Yo estaba hecha pedazos y tenía el alma herida, pero como el dolor y las heridas eran lo único que había conocido siempre, no me daba cuenta de que eso era un problema. Siempre había tenido que cuidar de mí misma, y creo que eso alimentó mi tendencia a ser egoísta. Tenía miedo de que, si no luchaba por lo que quería, nunca lo conseguiría. Tuve que aprender que Dios no actúa como las personas y que podía confiar en que Él me daría cosas buenas.

Jesús vino para sanar a los afligidos (Lucas 4:18 LBLA), pero yo no sabía eso. He estudiado la Palabra de Dios por más de cuarenta y cinco años, y no cambiaría por nada lo que sé ahora. Todavía tengo mucho más que aprender, pero lo que he aprendido me ha liberado y capacitado para ayudar a otros que aún están viviendo en oscuridad espiritual.

El carácter y el fruto del Espíritu se deben desarrollar

Pablo dijo a los creyentes corintios que eran carnales (mundanos), y sin embargo habían nacido de nuevo, fueron bautizados en el Espíritu Santo y actuaban en los dones del Espíritu. ¿Cómo es posible que también fueran carnales? Es porque los dones se dan, pero el carácter y el fruto del Espíritu se tienen que desarrollar en nosotros. Esto toma tiempo, estudio de la Palabra de Dios, oración y cooperación con el Espíritu Santo. Algunas personas tienen dones que pueden hacerlos ascender, pero al final caerán porque no tienen el carácter necesario para mantenerlos allí arriba. Eso sucede a menudo con los jóvenes cristianos dotados que son ascendidos por sus dones pero aún no se les ha mentoreado para desarrollar un carácter piadoso.

Piensa en las palabras de Pablo en 1 Corintios 3:1–3:

> Amados hermanos, cuando estuve con ustedes, no pude hablarles como lo haría con personas espirituales. Tuve que hablarles como si pertenecieran a este mundo o como si fueran niños en Cristo. Tuve que alimentarlos con leche, no con alimento sólido, porque no estaban preparados para algo más sustancioso. Y aún no están preparados, porque todavía están bajo el control de su naturaleza pecaminosa. Tienen celos unos de otros y se pelean entre sí. ¿Acaso eso no demuestra que los controla su naturaleza pecaminosa? ¿No viven como la gente del mundo?

¿Necesitas un cambio?

Con frecuencia queremos que nuestra vida cambie, pero *nosotros* no queremos cambiar. Si quieres que tu vida cambie, permíteme preguntarte: ¿estás *tú* dispuesto a cambiar? En ese caso, Dios puede comenzar a obrar en ti. El Espíritu Santo comenzará a lidiar contigo, y tendrás que obedecer su guía. Tal vez trate contigo mediante la Palabra de Dios, mediante otra persona o quizá mediante una enseñanza que oigas. O puede que Él trate contigo directamente sencillamente haciéndote consciente de cosas que antes no veías.

> Si quieres que tu vida cambie, debes estar dispuesto a cambiar.

Uno de los mejores ejemplos personales que tengo tiene que ver con mi boca y las palabras que decía. No tenía ni idea de que las palabras tenían poder hasta que aprendí de Proverbios 18:21 que «la lengua puede traer vida o muerte; los que hablan mucho cosecharán las consecuencias». Las enseñanzas sobre la boca parecían llegar hasta mí desde todas partes. Mi pastor lo predicaba, los oradores invitados en nuestra iglesia hablaban de ello, y fui a la librería a buscar libros para un tema concreto y terminé encontrando varios libros sobre el poder de las palabras. A medida que Dios me enseñaba de diversas maneras sobre lo poderosas que eran las palabras, yo iba cambiando poco a poco. Mi boca aún me causa problemas de vez en cuando y tengo que arrepentirme, pero celebro lo mucho que he avanzado. Finalmente llegué a un punto en el que sentía una convicción inmediata cuando decía palabras negativas, contaba chismes, contaba los secretos de alguien, usaba palabras de autocompasión o utilizaba mi boca de otras maneras que no honraban a Dios. Y, cuando lo hacía, me arrepentía y comenzaba de nuevo. Tuve que estudiar, estudiar y seguir estudiando en el área de la boca y el poder de las palabras, porque mi mente tenía que ser renovada en esta área. Aún necesito cursos de refresco de vez en cuando, y quizá tú también.

Atravesé una situación difícil tras otra a medida que Dios me guiaba a morir al yo. Finalmente conseguía la victoria en un área, y Dios me dejaba descansar un rato; después comenzábamos con otra cosa. Estaba segura de que nadie tenía tantos problemas como yo, y quizá tú también te sientes así. Pero créeme, todo el mundo tiene problemas que necesita resolver. Yo enseñaba ya la Palabra de Dios cuando Él trataba conmigo de modo tan intenso, pero solo con un grupo de veinticinco personas en un estudio bíblico semanal en mi casa. No enseñaba cosas sobre las que no sabía nada, pero lo que Dios me iba hablando yo lo iba enseñando en el estudio bíblico, y descubrí que todos tenemos problemas similares.

Yo tenía un gran deseo de hacer grandes cosas para Dios, pero Él solo permitía que el ministerio creciera a medida que yo iba creciendo. Había enseñado la Palabra de Dios por quince años cuando Él puso en mi corazón ir a la televisión. Había enseñado en el estudio bíblico por cinco años y pasé un año entero sin hacer otra cosa en el ministerio mientras Dios hacía muchas cosas en mí. Después fui a trabajar a una iglesia, y finalmente me convertí en pastora asociada durante cinco años. Aprendí mucho allí, y después, bajo la dirección de Dios, comenzamos nuestro ministerio. Por cinco años estuvimos en la radio y haciendo reuniones en pequeños salones de hoteles en zonas a las que llegaban los programas de radio. También hacíamos algunas reuniones semanales en St. Louis, Missouri, y los alrededores, que es donde vivimos.

Aceptaba todas las invitaciones que me hacían, y si alguna vez llegaba a predicar ante una multitud de más de cien personas, me emocionaba mucho. Cuando miro atrás y recuerdo lo mucho que trabajé durante esos años y los siguientes, me pregunto cómo estamos vivos todavía. No solo lidiaba con la obra del ministerio, pues Dios también me estaba cambiando personalmente y lidiando conmigo sobre algo todo el tiempo.

A los pocos años de estar en televisión teníamos varios cientos de empleados, y yo seguía aprendiendo a tratar bien a la gente. Cuando tenemos problemas en el alma, por lo general tenemos problemas con las personas. Además de todo esto, Dave y yo estábamos intentando aprender a trabajar juntos y también a trabajar con los dos hijos y una hija que nos ayudaban en el ministerio. Créeme cuando digo que tengo experiencia y puedo entender casi cualquier problema que pudieras tener. Pero la buena noticia es que Dios te dará la victoria sobre esos problemas si estás dispuesto a hacer las cosas a su manera, y no a la tuya.

Con Dios nada es imposible (Mateo 19:26). Si Él puede cambiarme a mí, puede cambiar a cualquiera. Sin embargo, tendrás que estar dispuesto a que tome más tiempo del que esperas, preparado para rendir cualquier cosa que Dios te pida que rindas, y listo para soportar el dolor de crucificar la carne. Cambiar es como someterte a una cirugía espiritual, pero por favor, recuerda que Dios no te pedirá que manejes más de lo que puedas soportar (1 Corintios 10:13). Además, tienes su promesa de que todo obra para bien para los que le aman y quieren hacer su voluntad (Romanos 8:28).

> *Con Dios nada es imposible.*

PARTE 4

El camino inesperado a la alegría

CAPÍTULO 13

Declara la guerra al egoísmo

Pues, donde hay envidias y ambiciones egoístas, también habrá desorden y toda clase de maldad.

Santiago 3:16

Es importante tener en cuenta que, según Santiago 3:16, si permitimos que el egoísmo permanezca en nuestras vidas también estaremos invitando a la confusión «y toda clase de maldad». Por lo tanto, digo que debemos declarar la guerra al egoísmo y, con la ayuda de Dios, aprender a no permitir que controle nuestras vidas.

Nuestra carne es egoísta, y siempre quiere lo que quiere. Si no consigue lo que quiere, mostrará su insatisfacción por medio del enojo, la autocompasión, la rebelión y otras actitudes desagradables. La Biblia está llena de personas egoístas. Caín y Abel (hijos de Adán y Eva) presentaron ofrendas al Señor. A Dios le agradó la ofrenda que recibió de Abel pero no la que recibió de Caín. Caín mató a Abel por eso, y yo creo que la razón por la que mató a su hermano fue la rivalidad y las ambiciones egoístas (Génesis 4:1-8; 1 Juan 3:12). Giezi, que era el siervo de Eliseo, estaba lleno de avaricia y egoísmo, y fue en secreto con Naamán para pedirle dinero y dos mudas de ropa aunque Eliseo había rechazado la oferta de Naamán. Entonces Giezi le mintió a Eliseo. El resultado fue que la lepra de la que había sido sanado Naamán cayó sobre él (2 Reyes 5:20-27). Con sus actos demostró que no se podía confiar en él.

Incluso los discípulos de Jesús fueron egoístas. El egoísmo y la avaricia es lo que causó que Judas traicionara a Jesús por treinta piezas de plata (Mateo 26:15). Los discípulos mostraron egoísmo al competir los unos con los otros para ver quién era el más importante (Lucas 9:46). En Hechos 5:1-4 Ananías y Safira, llenos de egoísmo, se quedaron con una parte de lo que se habían comprometido a dar a los apóstoles para compartir con los demás creyentes y después mintieron sobre ello. Los discípulos de Juan tuvieron envidia egoísta de los discípulos de Jesús porque Jesús atraía multitudes más grandes que Juan (Juan 3:26). Es triste que estos seguidores de Jesús fueran egoístas, pero es bueno saber que, aunque fueron egoístas, Jesús no los rechazó. En lugar de eso, siguió trabajando con ellos y enseñándoles. Más adelante Dios usó a muchos de ellos en gran manera, y hará lo mismo con nosotros.

Dios no se da por vencido con nosotros solo porque somos egoístas, tenemos otras debilidades o hayamos pecado. Hasta tres veces negó Pedro conocer a Jesús, pero después de arrepentirse recibió perdón y pasó a convertirse en un líder fiel de la iglesia primitiva (Mateo 26:69-75). El apóstol Pablo (antes llamado Saulo), que no era uno de los doce discípulos, estuvo presente y de acuerdo en el apedreamiento de Esteban (Hechos 22:20). Sin embargo, después de un poderoso encuentro con Jesús mientras iba de camino a perseguir y encarcelar cristianos (Hechos 9:1-18), comenzó a predicar y a declarar que Jesús es el Hijo de Dios. Fue transformado radicalmente, y poco después Dios comenzó a usarlo poderosamente para ministrar a las personas de la iglesia primitiva y escribir casi dos terceras partes del nuevo Testamento.

Dios elige y usa lo necio del mundo para avergonzar a los sabios para que nadie presuma delante de Dios (1 Corintios 1:27, 29 NBLA). Si esto no fuera cierto, seguro que no me habría escogido a mí. Por muy malos que seamos, si estamos dispuestos a cambiar, Dios trabajará con nosotros y nos usará para su gloria.

Aún en nuestro egoísmo Dios nos muestra su gracia. Jesús es un Sumo Sacerdote que entiende nuestras debilidades y enfermedades porque Él fue «tentado en todo de la misma manera que nosotros, aunque sin pecado» (Hebreos 4:15 NVI). Por eso podemos acercarnos con toda confianza a su trono en oración y recibir la gracia que necesitamos para cada situación (Hebreos 4:16).

> *Nunca creas que Dios no puede usarte porque cometiste errores.*

Nunca creas que Dios no puede usarte porque cometiste errores. Esa es una mentira que el diablo quiere que creas. Dios siempre estará dispuesto a darte un nuevo comienzo, independientemente de los fracasos que hayas tenido.

El buen samaritano

Aparte de los relatos bíblicos de cuando Jesús dio su vida por nosotros, la historia del buen samaritano (Lucas 10:30-37) podría ser uno de los mejores ejemplos de empatía y generosidad que hay en la Biblia. Unos ladrones golpearon de tal modo a un hombre mientras viajaba, que lo dejaron por muerto. Estaba tirado al lado del camino y necesitaba ayuda desesperadamente. Un sacerdote y un levita (ambos hombres religiosos) vieron al hombre pero cruzaron al otro lado del camino para seguir caminando; sin embargo un samaritano que pasó por allí lo vio y tuvo compasión de él. Le echó aceite y vino en las heridas y las vendó. Después subió al hombre a su burro, lo llevó a una posada y cuidó de él. El samaritano debía irse al día siguiente, así que le dio un dinero al dueño de la posada para que el hombre pudiera quedarse allí, asegurándole que cuando regresara le pagaría al dueño el dinero extra que hubiera gastado en el hombre.

Una de las lecciones que podemos aprender de esta historia es que Jesús no siempre nos pide que hagamos las cosas cuando a nosotros nos viene bien. El samaritano iba de camino a algún lugar. Tuvo que seguir su camino al día siguiente, lo cual significa que su viaje era importante, pero aun así se detuvo para ayudar al hombre herido. Se tomó el tiempo desinteresadamente para vendar las heridas del hombre y llevarlo a la posada para cuidar de él personalmente durante la noche. Cuando tuvo que partir, le dio al dueño de la posada de su propio dinero y prometió pagarle si el dueño gastaba algo más. Me impresiona que no puso límites a lo que estaba dispuesto a hacer.

¿Cuántas veces somos tú y yo como los hombres religiosos que pasaron de largo cruzándose al otro lado del camino cuando nos encontramos con alguien que necesita ayuda? Normalmente tenemos planes y una agenda que no queremos interrumpir, pero Jesús dejaba que lo interrumpieran todo el tiempo. Siempre se detenía a ayudar a aquellos que estaban sufriendo.

> *Jesús siempre se detenía a ayudar a aquellos que estaban sufriendo.*

En nuestra sociedad actual vemos a muchas personas en las esquinas de las calles pidiendo dinero con carteles que reflejan sus necesidades. Algunas son sinceras, pero otras han comprobado que pueden hacer mucho dinero mendigando. A veces es difícil distinguir entre las que verdaderamente están necesitadas y las que intentan timar a la gente. Yo quiero ayudar a quienes pasan una necesidad real, así que oro para que Dios me dé discernimiento e intento hacer caso a mi corazón. No le doy dinero a alguien que está mendigando mientras habla por teléfono y escucha música en un altavoz. Creo que este ejemplo es importante, porque no quiero que pienses que estás siendo egoísta si no ayudas a todas las personas que conoces o ves que tienen necesidad. Hay momentos en los que, si seguimos ayudando a alguien, tan solo hacemos que dependa de otros en lugar de hacer lo que debería hacer por sí mismo.

He descubierto que, si el diablo no puede conseguir que no hagamos nada, intentará que hagamos demasiado. Lo que Dios quiere es que tengamos balance, discernimiento y sabiduría. Si realmente tienes el deseo de ayudar a la gente, Dios te mostrará a quién tienes que ayudar.

Tiempo para todo

Eclesiastés 3 nos enseña que hay un tiempo para todo y todo es hermoso en su tiempo. (vv. 1, 11). El versículo 6 menciona que hay «tiempo para guardar y tiempo para desechar». De igual manera, yo creo que hay un tiempo para decir sí a las peticiones de los demás y un tiempo para decir no. Sin embargo, cuando Dios nos pide que hagamos algo, la única respuesta válida es siempre sí. Aunque tengas algo más importante que hacer, si obedeces a Dios, Él siempre te ayudará a hacer todo lo que tengas que hacer.

> ¿Realmente se puede estar tan ocupado como para no obedecer a Dios?

Una de nuestras mayores excusas para no ayudar a los demás es que estamos muy ocupados. Sin embargo, ¿realmente se puede estar tan ocupado como para no obedecer a Dios? Lo dudo. Cuando viajamos, podemos poner un cartel de «no molestar» en la puerta de nuestra habitación de hotel, pero nunca deberíamos llevar un cartel invisible atado al cuello. Si quieres servir a Dios con todo tu corazón, prepárate para ser interrumpido a veces.

La Biblia dice que la gente hace planes, pero Dios afirma sus pasos (Proverbios 16:9). Es bueno tener un plan porque, si no lo tenemos, solemos perder el tiempo; sin embargo, nuestro plan siempre debería ser secundario con respecto al plan de Dios para nosotros. Dile al Señor que estás dispuesto a que Él te interrumpa cuando quiera y que tú dejarás a un lado tu plan para seguir el suyo.

Cuando Dios me llamó a enseñar su Palabra, yo tenía tres hijos adolescentes y un bebé. Una mañana, estaba haciendo la cama y escuchando una enseñanza grabada cuando, de repente y sin aviso, Dios me habló y me dijo que viajaría por todo el mundo enseñando su Palabra. Desde aquel momento hasta ahora enseñar su Palabra ha sido mi pasión, pero no era mi plan cuando Dios me llamó. Simplemente imagina comenzar un ministerio con tres hijos adolescentes y un bebé; por no hablar de que *no tenía dinero.*

Obedecer a Dios no solo ha cambiado mi vida sino también la de toda mi familia. Seguir a Dios puede ser interesante y bastante emocionante si no eres adicto a tu plan. Cuando Jesús llamó a sus discípulos, todos estaban haciendo algo; sin embargo, cuando Él llamó, dejaron sus ocupaciones inmediatamente y lo siguieron.

No te ofrezcas a Dios para servirlo si no estás dispuesto a ser incomodado. También debes estar listo para hacer cosas que en el momento puede que no entiendas. Entender lo que Dios está haciendo es mucho menos importante que obedecer. Dudo que Oseas entendiera cuando Dios le dijo que se casara con una prostituta llamada Gomer y tuviera hijos con ella (Oseas 1:2), pero lo

> *No te ofrezcas a Dios si no estás dispuesto a ser incomodado.*

hizo en obediencia a Dios. En caso de que te estuvieras preguntado por qué Dios le pediría a alguien que hiciera algo así, lo hizo para mostrarle a Israel todo su pecado y el gran amor que Él tenía por ellos. Gomer terminó engañando a Oseas, y Dios le dijo que la recibiera de nuevo. Quería que la gente viera eso y se diera cuenta de cuán misericordioso es Él cuando nos perdona y nos recibe de nuevo aunque hayamos pecado.

Dudo que Isaías entendiera por qué Dios quería que caminara desnudo predicando durante años (Isaías 20:3), pero esto era una señal de que los asirios derrotarían a Egipto y Etiopía. También simbolizaba que todos los prisioneros (independientemente de su edad) marcharían desnudos al cautiverio.

Eso sí que es obediencia extrema. Creo que Oseas e Isaías son muy buenos ejemplos de eso. Debo decir que me alegro de vivir en los tiempos del Nuevo Testamento y no en la época en la que estaban vivos Oseas e Isaías. Las cosas que Dios me ha pedido que haga parecen leves comparadas con lo que les pidió hacer a ellos.

Prefiere a los demás antes que a ti

Ámense los unos a los otros con amor fraternal, respetándose y honrándose mutuamente.

Romanos 12:10 NVI

La Nueva Versión Internacional de la Biblia utiliza la palabra *honrar* para hacer referencia a cómo deberíamos pensar de los demás y actuar con ellos, y la versión Reina Valera dice: «prefiriéndoos los unos a los otros». ¿Cómo se hace esto en la práctica? Piensa en estos ejemplos:

- Si estás en la fila para pagar en un supermercado y hay una persona mayor detrás de ti, deja que pase antes que tú. Haz lo mismo por una mamá con dos hijos o alguien que tenga menos compra que tú.
- Si otra persona y tú están esperando por la misma plaza de estacionamiento, deja que la otra persona estacione (¡ay!). Las plazas de estacionamiento son difíciles de ceder.
- Escucha a la persona con la que estás en lugar de hablar sin parar en la conversación.
- Yo diría: «Deja que tu cónyuge maneje el mando del televisor», pero no he llegado a ese nivel, así que no daré consejos que no estoy siguiendo (☺).
- Cuando eres el líder de un proyecto y otras personas trabajan contigo en equipo, si recibes elogios por el trabajo asegúrate de honrar a las personas que te ayudaron. Reconoce siempre los méritos de los demás.

- Deja pasar a las personas que intentan incorporarse al tráfico.

Hay muchas maneras en las que podemos preferir a otros, pero el egoísmo nos impedirá hacerlo a menos que estemos decididos a vivir de modo desinteresado. Una noche, Dave y yo íbamos manejando hacia una iglesia en la que yo iba a compartir y llegábamos tarde porque nos quedamos atascados en el tráfico. Dave se detuvo para dejar pasar a un par de autos, y yo dije: «Dave, ¡no tenemos tiempo para eso!». Él dijo: «Solo intento ser amable», a lo que yo respondí: «¡No tengo tiempo para ser amable! ¡Tengo que llegar a la iglesia!». Dave se rio un rato y yo misma pude contarlo con bochorno en la reunión de aquella iglesia. Sin embargo, este es un buen ejemplo de cómo pensamos y actuamos algunas veces.

El orgullo frustra muchas cosas que Jesús nos pide que hagamos, así que de nuevo diré que debemos estar decididos a romper el poder del egoísmo en nuestras vidas. Tú o yo podríamos estar en la fila de un supermercado y escuchar en nuestro espíritu un susurro diciéndonos que dejemos que la persona que está detrás de nosotros pase antes, pero nuestra carne también hablará y dirá: «¿Por qué iba a hacer eso?». «Lo haría, pero tengo prisa». La carne nunca se queda sin excusas para evitar hacer lo que Dios quiere que hagamos: pero Él no quiere nuestras excusas; quiere nuestra obediencia.

> La carne nunca se queda sin excusas.

Segunda de Timoteo 3:1-5 (NVI) nos muestra la cruda realidad de cómo será la iglesia en los últimos tiempos antes del regreso de Cristo:

Ahora bien, ten en cuenta que en los últimos días vendrán tiempos difíciles. La gente estará llena de egoísmo y avaricia; serán jactanciosos, arrogantes, blasfemos, desobedientes a los padres, ingratos, impíos, insensibles, implacables, calumniadores, libertinos, despiadados, enemigos de todo lo bueno, traicioneros, impetuosos, vanidosos y más amigos del placer que de Dios. Aparentarán ser devotos, pero su conducta desmentirá el poder de la devoción. ¡Con esa gente ni te metas!

Esta descripción de las personas en los últimos tiempos no es muy esperanzadora. Se caracterizan por ser:

- egoístas
- avariciosos
- jactanciosos
- arrogantes
- blasfemos
- desobedientes a los padres
- ingratos
- impíos
- insensibles
- implacables
- calumniadores
- libertinos
- despiadados
- enemigos de todo lo bueno
- traicioneros
- impetuosos
- vanidosos
- más amigos del placer que de Dios
- con apariencia de devotos, pero desmintiendo el poder de la devoción

Es fácil leer 2 Timoteo 3:1-5 sin realmente tomar el tiempo de pensar en cada una de estas descripciones de cómo será la gente en los últimos tiempos. En nuestro mundo actual vemos muchas cosas de la lista, si no todas. Si este pasaje de la Escritura describe cómo será la iglesia, imagínate lo malo que será el mundo. Las personas que no conocen la verdad de la Palabra de Dios aceptarán todo eso como la conducta normal, y cada generación que aprenda a comportarse de esta manera será peor. No veo otra solución excepto que los cristianos nos pongamos firmes y declaremos la guerra al egoísmo, porque muchas de las cosas que hay en esa lista son provocadas por el egoísmo y el orgullo. El pasaje termina con la amonestación de evitar a las personas que son así. Podemos evitar a otras personas, pero no podemos evitarnos a nosotros mismos; por lo tanto, si nosotros nos comportamos así, tenemos un problema.

Deberíamos ser una luz para el mundo y un ejemplo de conducta piadosa, no unirnos a ellos y aprender de cómo se comportan. Debemos enseñar con el ejemplo y no solo con nuestras palabras.

Realmente creo que, si todos los cristianos (no solo unos cuantos sino todos) salieran a su pequeño pedazo del mundo y permitieran que el Espíritu Santo los ayude a desarrollar y mostrar lo contrario a lo que está reflejado en esta lista, cambiaríamos el mundo. La gente podría ser desinteresada, disfrutar de su dinero a la vez que lo usa para extender el evangelio y ayudar a los necesitados, ser humilde, obedecer a las autoridades, ser agradecido, vivir vidas santas, perdonar, pensar bien de los demás, ejercer el autocontrol, ser amable, amar bien, ser buena, ser cuidadosa y prudente, amar a Dios más que a nada y demostrar el poder del evangelio.

Es el momento de que nos pongamos serios con nuestro modo de vivir y cómo representamos a Jesús en la sociedad. Es el momento de declarar la guerra no solo al egoísmo sino a también todos los demás frutos de la carne. Es el momento de aprender a ser guiados por el Espíritu Santo continuamente en nuestra vida diaria. Vivimos en tiempos graves y extremos, y ponernos serios en cuanto a ser cristianos semejantes a Jesús no es algo que podemos permitirnos dejar para mañana.

Ser cristiano es mucho más que asistir a la iglesia. Significa ser seguidor de Jesucristo, seguir sus pasos y aprender a actuar como Él lo hizo.

CAPÍTULO 14

Sé decidido e implacable

Así que no nos cansemos de hacer el bien. A su debido tiempo, cosecharemos numerosas bendiciones si no nos damos por vencidos.

Gálatas 6:9

Cuando busqué artículos sobre el egoísmo, encontré información interesante pero a la vez triste. Descubrí muchos artículos que decían que el egoísmo es bueno, moral y una virtud. La conclusión a la que llegaban era que, si no haces de ti mismo la prioridad, nunca tendrás éxito en la vida.

Si conocemos la Palabra de Dios, está claro que sabemos que los valores del mundo son diferentes a los valores del reino de Dios; sin embargo, hay millones de personas que no conocen la verdad de la Palabra de Dios e incluso muchos cristianos que no la conocen bien. La Biblia es nuestro manual de vida si queremos agradar a Dios, ser felices, tener paz, tener buenas relaciones con los demás y prosperar en todo lo que hagamos. Los principios de la Palabra de Dios funcionan. Millones de personas (yo incluida) lo han comprobado. Los hemos puesto a prueba y sabemos que podemos depender de ellos. Por años seguí el camino del mundo y estaba amargada, desesperada, y no tenía esperanza de cambio. Por fortuna, Dios me reveló su Palabra y me dio la gracia para ponerla en práctica en mi vida; eso me cambió para siempre. Una de las lecciones más importantes que he aprendido de la Palabra de Dios es que ser egoísta es estar amargado. El tema principal de la Biblia es amar a Dios con todo tu corazón, con toda tu alma, con toda tu mente y con todas tus fuerzas, y amar a tu prójimo como a ti mismo (Mateo 22:37-40), pero eso es imposible si estamos llenos de egoísmo y no hacemos nada para combatirlo o le negamos el derecho a dominar nuestras vidas.

> *Ser egoísta es estar amargado.*

Derrotar al egoísmo requiere cambios y, tristemente, no todos los cristianos quieren cambiar. Recientemente leí parte de un artículo acerca de un pastor que dejó el ministerio después de diez años. Dijo que la razón principal por la que renunció era que, en su experiencia, vio que la mayoría de los cristianos no quieren crecer. Quieren asistir a la iglesia y que simplemente les digan que están bien como están. Dijo que quieren que los conforten, los animen y les digan que son amados, pero no quieren que les digan que tienen que crecer espiritualmente. Por supuesto que hay cristianos que van en serio en su relación con Dios y quieren madurar espiritualmente, pero según la experiencia de este pastor son pocos comparados con aquellos que están conformes con quedarse donde están. Esto es muy triste, y creo que es parte de la razón por la cual la iglesia no está teniendo la influencia que debería tener en el mundo.

Derrotar al egoísmo requiere determinación porque, como el orgullo, es una fuerza poderosa e incansable. No ganaremos la batalla contra el egoísmo egocéntrico si no somos también incansables. Viviremos de acuerdo a lo que queremos, lo que pensamos y cómo nos sentimos. Si lo que queremos, pensamos y sentimos no está en consonancia con la Palabra de Dios, eso nos llevará a la destrucción. Puede que el mundo nos prometa que seremos felices si conseguimos salirnos con la nuestra siempre, pero la realidad es que lo contrario es cierto.

> *El egoísmo es una fuerza poderosa e incansable, como el orgullo.*

¿Por qué es tan importante no ser egoísta? Es importante porque, como ya he mencionado, el mensaje central de la Palabra de Dios es que debemos amarlo a Él y amar a los demás como nos amamos a nosotros mismos, y es imposible hacer eso si somos egoístas. El egoísmo bloquea y obstaculiza el amor. Cuando hablo de amor, no me refiero al amor romántico que podemos sentir por una persona especial o el amor que sentimos por la familia y los amigos; me refiero al amor incondicional que Dios

> *El amor que viene de Dios requiere sacrificio.*

nos muestra a nosotros. Este amor que viene de Dios requiere sacrificio y debemos extenderlo a todos; incluso a nuestros enemigos.

Muchas personas solo van a la iglesia cada semana y creen que eso es lo único que tienen que hacer para caminar con Dios, pero a la iglesia se va para aprender qué hacer; después debemos ir y hacerlo.

¿Estás decidido?

Estar decidido significa tomar una decisión firme y de calidad, estando resuelto a llevarla a cabo. Piénsalo de este modo: es fácil ponerse a dieta un domingo en la noche después de cenar, pero ¿qué ocurre al mediodía del día siguiente cuando aparece el hambre? Las personas que muestran decisión no cambian de parecer en cuanto a lo que han decidido. Perseveran en medio de las dificultades y avanzan hasta la meta.

En Salmos 51:10 David ora para que Dios cree «un corazón limpio» y renueve «un espíritu firme» dentro de él. *Resistencia, perseverancia, esfuerzo, determinación, implacabilidad, firmeza…* todas estas son palabras sobre las que no solemos escuchar sermones ni tampoco leemos, pero sin estas cualidades de carácter tendremos, en el mejor de los casos, una vida mediocre que seguramente estará marcada por el fracaso.

Quiero aclarar que no podemos hacer nada que Dios nos pida hacer solamente con la fuerza de nuestra voluntad. Debemos ejercitar nuestra voluntad y nuestro libre albedrío, pero necesitamos la fuerza y la guía del Espíritu Santo para conseguir cualquier cosa que valga la pena. Las personas que no dependen de Dios y de su increíble gracia pueden conseguir cosas, pero no tendrán paz y gozo verdadero en medio de esos logros. De la

misma manera, las personas que dependen de que Dios lo haga todo y se quedan
de brazos cruzados tampoco consiguen
nada. Dios actúa a través de nosotros,
pero no hará lo que nos corresponde
hacer.

> Dios actúa a través
> de ti, pero no hará lo
> que te corresponde
> hacer.

Pablo estaba decidido a conocer a Jesús y tener una relación
cercana e íntima con Él. Se puede percibir su deseo apasionado
en Filipenses 3:10–11:

> Quiero conocer a Cristo y experimentar el gran poder
> que lo levantó de los muertos. ¡Quiero *sufrir* con él y
> participar de su muerte, para poder experimentar, de
> una u otra manera, la resurrección de los muertos!
> (énfasis añadido)

Pablo entendió que tendría que sufrir para conseguir la transformación y la relación íntima con Dios que deseaba. ¿Cuándo
fue la última vez que escuchaste un sermón sobre estar dispuesto
a sufrir para hacer la voluntad de Dios? El sufrimiento no es un
tema popular para sermones, pero si queremos que las personas
maduren espiritualmente y lleguen a ser todo lo que Dios quiere
que sean, es necesario. No me refiero a sufrir por enfermedades,
tragedias u otras circunstancias desesperadamente dolorosas,
sino al sufrimiento que experimentamos
en nuestra carne cuando le negamos el
derecho a controlarnos y escogemos en
su lugar obedecer a Dios.

Por ejemplo, si mi esposo y yo estamos teniendo una discusión acalorada
sobre algo en lo que no estamos de
acuerdo y yo noto que va a convertirse

> Puede que
> experimentes
> sufrimiento para
> alcanzar la relación
> íntima con Dios que
> deseas.

en una pelea, y el Espíritu Santo me susurra que deje de intentar imponer mi opinión y me quede callada, si lo obedezco, mi carne sufrirá. A nuestro orgullo no le gusta que otros piensen que tienen la razón cuando nosotros creemos que están equivocados. Queremos convencerlos para que estén de acuerdo con nosotros, y esas conversaciones suelen transformarse en peleas.

Pablo (antes conocido como Saulo) estaba decidido a soltar el pasado y avanzar hacia el futuro (Filipenses 3:12-14). Estoy segura de que el diablo le recordaba a Pablo su vida pasada e intentaba hacerle sentir culpabilidad y condenación, pero Pablo estaba decidido a no vivir en el pasado. Nosotros deberíamos tener esa misma clase de determinación. Perdemos mucho tiempo sintiéndonos culpables por cosas de las que Dios ya nos ha perdonado. Yo sufrí terriblemente a manos de la culpabilidad durante muchos años, pero una vez que aprendí la verdad de la Palabra de Dios, tuve que decidir ser implacable en mi búsqueda de la libertad de la culpabilidad.

Estoy decidida a terminar la carrera que Dios ha puesto delante de mí. Quiero terminar todo lo que Dios me ha llamado a hacer. A veces, eso requiere seguir adelante en medio de circunstancias difíciles, pero estoy decidida y esa decisión es como combustible que me impulsa a seguir adelante.

El éxito y la victoria requieren determinación

> Sin embargo, Daniel estaba decidido a no contaminarse con la comida y el vino dados por el rey. Le pidió permiso al jefe del Estado Mayor para no comer esos alimentos inaceptables.
>
> Daniel 1:8

Daniel, un joven que aparece en el Antiguo Testamento, estaba decidido a no contaminarse haciendo lo que Dios no quería que hiciera. Hizo una promesa a Dios de que solo comería vegetales y solo bebería agua durante un periodo de tiempo; sin embargo, cuando fue llevado al palacio del rey para servirlo, su entrenamiento incluía comer comida sustanciosa. Le pidió al hombre que estaba al cargo si podía mantener su pacto con Dios de comer solamente vegetales y beber solo agua, diciéndole que después de diez días estaría más saludable que los hombres que comían la comida del rey. Le dieron permiso porque Dios le dio favor. Finalmente sí terminó estando más saludable con su dieta divina que los hombres que seguían la dieta del rey (Daniel 1:8-16). Comparto esta historia para demostrar que Daniel era un hombre que cumplía su palabra. Estaba decidido a cumplir la promesa que le hizo a Dios. También tenía un espíritu de excelencia y fue puesto a cargo de muchas personas gracias a esas virtudes (Daniel 5:12; 6:1-3 RVC).

Otra persona que mostró determinación en la Biblia fue Salomón. Él quería construir un templo para Dios, y 2 Crónicas 2:1 dice: «*Determinó*, pues, Salomón edificar casa al nombre de Jehová, y casa para su reino» (RVR1960, énfasis de la autora).

El apóstol Pablo, por ejemplo, escribió que se había propuesto no saber nada más que a Jesús y Jesús crucificado (1 Corintios 2:2 RVC). Seguro que necesitaba un nivel alto de determinación para ir de un lugar a otro predicando la Palabra de Dios. Enfrentó grandes dificultades, hambre, cárceles, naufragio, desánimo, destitución y muchas otros retos (2 Corintios 11:23-29), pero estaba decidido a terminar la carrera de la vida con gozo. En Hechos 20:24 escribe: «Pero eso a mí no me preocupa, pues no considero mi vida de mucho valor, con tal de que pueda terminar con gozo mi carrera y el ministerio que el Señor Jesús me encomendó, de hablar del evangelio y de la gracia de Dios» (RVC).

Las dificultades de Pablo no le hicieron darse por vencido, porque había tomado una decisión firme. Se lo había propuesto.

> *No debes ceder ni rendirte nunca.*

Si quieres alcanzar cualquier meta que tengas, ya sea espiritual o práctica, debes mantener los ojos puestos en la meta y no permitirte enredarte con los problemas que te encuentres por el camino.

Para ser implacable no debes ceder ni rendirte nunca. Sé fuerte e intenso, y mantén el ritmo necesario para alcanzar la línea de meta.

Pide y recibe

> Les digo, ustedes pueden orar por cualquier cosa y si creen que la han recibido, será suya.
>
> Marcos 11:24

Marcos 11:24 es un versículo que nos anima con una promesa que es difícil de creer. ¿Realmente podemos pedir cualquier cosa y obtenerla si creemos que así será? Todo lo que pidamos debe ser conforme a la Palabra de Dios, y si lo es, Dios promete que lo recibiremos. Pero observemos que no dice *cuándo* se hará realidad en nuestras vidas. Esa es la parte difícil. Pedimos, después esperamos y después recibimos, pero no hasta que llega el momento perfecto de Dios.

La pregunta que todos nos hacemos es esta: «¿Cuánto tiempo tendré que esperar?». Dios no nos lo dice porque es durante la espera cuando nuestra fe es probada. La confianza siempre requiere esperar en Dios. Requiere paciencia. Estoy segura de que la mayoría de nosotros estamos esperando algo en este momento. Sé que yo sí, y tenemos que tomar una decisión: disfrutar la espera siendo pacientes y descansando en Dios, o amargarnos por la impaciencia y la frustración

Si estudias la palabra original para *paciencia* en griego, que es el idioma en el que se escribió originalmente la Biblia, verás que la paciencia solo puede crecer en medio de las pruebas.[15] La paciencia no es simplemente la habilidad de esperar, sino también la actitud con la que esperamos. Todos esperaremos, porque esperar es parte de la vida y no podemos cambiar eso. Esperamos en la consulta del médico, en la consulta del dentista, atascados en medio del tráfico y cuando esperamos que Dios conteste nuestras oraciones. Sin embargo, ¿con qué actitud oramos? ¿Esperamos con paciencia? ¿O esperamos llenos de frustración, enojo, negatividad o actitud de derrota?

Consideremos estos dos versículos sobre la paciencia:

> Perseverar con paciencia es lo que necesitan ahora para seguir haciendo la voluntad de Dios. Entonces recibirán todo lo que él ha prometido.
>
> Hebreos 10:36

> Así que dejen que crezca, pues una vez que su constancia se haya desarrollado plenamente, serán perfectos y completos, y no les faltará nada.
>
> Santiago 1:4

A veces, las circunstancias parecen tan imposibles que las personas creen que estás loco por seguir adelante. El éxito no llega de la noche a la mañana. Toma mucho tiempo y también mucho trabajo. Puede que tengas que fracasar muchas veces e intentarlo de nuevo una y otra vez. El autor de Eclesiastés dijo que los sueños se cumplen por medio de «mucha tarea» (Eclesiastés 5:3).

> Hasta el roble más grande fue un día una pequeña nuez que perseveró.
>
> —Autor desconocido

No puedo ni contar el número de veces que me sentí como una nuez por creer que podía alcanzar mis metas ministeriales, pero por la gracia de Dios seguí avanzando, muchas veces tan lentamente que sentía que no me movía en absoluto. Pero Dios es fiel y ahora estoy aquí; sigo decidida a terminar mi carrera con gozo, como Pablo (Hechos 20:24). Algunas personas sueñan con el éxito, pero otras se levantan y trabajan duro para conseguirlo. Yo creo que la determinación es seguir poniendo un pie delante

> No solo sueñes con el éxito; levántate y trabaja.

del otro incluso cuando sientes que puedes fracasar. Como dijo la columnista de periódico Ann Landers: «Nadie se ahogó nunca en su propio sudor».[16]

En este libro no estamos hablando de sueños para nuestra vida en general, sino del deseo de ser libres del egoísmo; sin embargo, el principio funciona igualmente. Sea cual sea tu sueño, es mi oración que tengas la determinación suficiente para alcanzarlo.

¿Cuáles son tus impedimentos?

Cuando utilizo el término *impedimento* no me refiero a un impedimento físico sino a algún tipo de déficit que hace difícil que alcances tu meta. Por ejemplo, mi temperamento natural es un impedimento cuando se trata de no ser egoísta o ser paciente. Como he mencionado, tengo una personalidad fuerte, agresiva, tipo A o colérica. Es muy útil cuando se trata de ser productiva o alcanzar mis metas, pero me incomoda cuando se trata de no ser egoísta y servir a los demás o ser paciente, en especial con las personas que no se comunican de la manera que me gustaría. La mayoría de personalidades del tipo A están decididas a conseguir lo que quieren, y eso está bien mientras lo que nosotros queramos sea también lo que Dios quiere. Sin embargo, cuando se trata de no ser egoístas se convierte en un obstáculo porque yo quiero lo que quiero y me gustaría que las personas que están a mi alrededor me ayudaran a conseguirlo. Esto suena mal, pero por lo menos conozco la verdad sobre mí misma y eso me ayuda a resistir la tentación de ser así cuando no debo.

No podemos usar la frase «Yo soy así» como excusa para no cambiar, porque nuestras excusas son precisamente eso para Dios: ¡excusas! Hace varios años atrás, leí un libro de Tim LaHaye que se titula *Temperamentos controlados por el Espíritu* que me ayudó mucho. En este libro explica que todos nacemos con un temperamento. El temperamento se divide en cuatro categorías generales, y puedes leer más sobre ellas en muchos lugares: el colérico de carácter fuerte, el sanguíneo amante de la diversión, el flemático despreocupado y el melancólico profundo, creativo pero a menudo enigmático.

Cada temperamento tiene sus fortalezas y sus debilidades. Las personas suelen tener un temperamento dominante y un poco de uno o varios de los demás. Por ejemplo, nuestro hijo menor es colérico y sanguíneo. Eso significa que es muy eficiente completando tareas y trabaja duro, pero también sabe pasárselo bien. Yo, por otro lado, soy casi totalmente colérica. Dave es flemático, lo cual significa que es relajado y no se preocupa mucho por las cosas. Nuestro otro hijo es muy colérico, como yo, y una de nuestras hijas es una mezcla de sanguínea y melancólica. La otra hija es flemática y se adapta a todo. Cuando mis hijos estaban creciendo, teníamos cuatro con diferentes temperamentos y nuestra casa era como un campo de batalla casi siempre, hasta que encontré el libro de Tim LaHaye.

El propósito del libro de LaHaye es demostrar que podemos utilizar nuestras fortalezas y permitir que el Espíritu Santo nos ayude a controlar nuestras debilidades independientemente de cuál sea nuestro temperamento. Tenemos dos opciones: permitir que nuestro temperamento siga su curso natural o someterlo al control del Espíritu Santo. Para mí eso significa que, si quiero no ser egoísta o ser paciente, necesitaré mucha ayuda del Espíritu Santo. A lo largo de los años me he vuelto más balanceada, y creo que cuando estoy siendo controlada por el Espíritu Santo tengo una buena mezcla de todos los temperamentos. Sin la ayuda del Espíritu Santo terminaré la tarea que tenga, pero es posible que hiera los sentimientos de muchas personas por el camino. Tiendo a enfocarme tanto en lo que intento conseguir, que se me puede olvidar hasta ser educada. Pero si estoy bajo el control del Espíritu Santo puedo terminar la tarea mientras camino en amor y pensando en los demás en lugar de solo pensar en lo que tengo que hacer. ¡Es bueno conocernos a nosotros mismos!

Conoce tus fortalezas y debilidades, y pide ayuda con las debilidades. El amor nos llama a mirar por los intereses de los demás y a ser buenos, amables, humildes y pacientes, así como a expresar muchas otras buenas cualidades que no podemos mostrar a menos que estemos bajo el control del Espíritu Santo.

> *Necesitas la ayuda del Espíritu Santo.*

Yo necesito la ayuda del Espíritu Santo desesperadamente y constantemente. ¿Y tú?

Zaqueo

En Lucas 19:1-5 leemos sobre Zaqueo, un hombre que era bajo de estatura (físicamente no era alto), que escuchó que Jesús llegaba a Jericó y quería verlo. Zaqueo era recaudador de impuestos de profesión, lo cual significaba que trabajaba para el gobierno romano. Muchos recaudadores de impuestos eran odiados, porque después de recolectar el dinero requerido por el gobierno añadían más para quedárselo para sí.

La multitud era grande y Zaqueo sabía que no podría ver a Jesús por causa de la gente, así que en lugar de rendirse diciendo: «Soy tan bajito que no tiene sentido si quiera intentar ver a Jesús», se apresuró a subirse a un árbol sicómoro. Cuando Jesús llegó al lugar en el que estaba Zaqueo, miró hacia arriba. ¿Qué hizo que Jesús mirara justamente en ese momento? Tal vez Jesús admiraba la determinación de Zaqueo. Jesús le dijo que bajara inmediatamente y después le dijo: «Debo hospedarme hoy en tu casa» (v. 5).

¡Vaya! Jesús quería ir a la casa de un recaudador de impuestos. De todos los religiosos que había entre la multitud, escogió visitar la casa de un recaudador de impuestos.

Ya que estuvo dispuesto a subirse a un árbol solamente para poder ver a Jesús, Zaqueo debía estar dispuesto a cambiar. Hizo un esfuerzo extra para llegar a donde quería, y Jesús respeta a las personas que hacen eso. Tal vez subirse a un árbol fue fácil para Zaqueo, pero creo que para mí sería difícil. Si hiciera falta, ¿estarías dispuesto a subirte a un árbol o hacer lo que fuera necesario para ser todo lo que Dios quiere que seas? La visita de Jesús cambió la vida de Zaqueo. De repente, quería devolver cuatro veces más lo que había robado y darles a los pobres la mitad de lo que tenía (Lucas 19:8). Una sola visita de Dios puede cambiarnos para siempre.

Sé implacable

Marcos 10:46-52 cuenta la historia de un hombre ciego que se llamaba Bartimeo y que fue implacable al pedirle a Jesús que lo sanara. Cuando Jesús salía de Jericó, acompañado de una gran multitud, Bartimeo estaba sentado en el camino mendigando. Cuando escuchó que Jesús pasaba por allí, gritó: «¡Jesús, Hijo de David, ten compasión de mí!» (v. 47). Muchas personas reprendieron a Bartimeo y le dijeron que se callara, pero él gritaba aún más fuerte: «¡Hijo de David, ten compasión de mí!» (v. 48). ¡Los gritos incansables de Bartimeo pidiendo misericordia llamaron la atención de Jesús! Jesús se detuvo y le preguntó al hombre ciego qué quería que hiciera por él. Bartimeo respondió: «Mi Rabí, ¡quiero ver!» (v. 51), y Jesús restauró por completo su vista.

Bartimeo estaba decidido a pedirle a Jesús que lo sanara. Todos le dijeron que se callara pero él siguió gritando a gran voz, pidiéndole a Jesús que tuviera misericordia de él. ¿Alguna vez te emocionaste por Jesús y algún religioso te dijo que te calmes y te calles? Yo sí. El diablo odia que la gente sea entusiasta con respecto a Jesús. Las primeras veces que me emocioné por Jesús, la gente me decía que estaba siendo emocional. Aunque lo fuera, ¿qué hay de malo en expresar nuestro entusiasmo por Jesús a través de nuestras emociones? La gente se emociona en los partidos de fútbol americano y nadie piensa que eso está mal; entonces, ¿por qué no podemos emocionarnos con Jesús?

Me alegro de que Bartimeo, cuando le dijeron que se callara, gritó aún más fuerte que antes. Tal vez para la gente que estaba a su alrededor parecía un poco ridículo, pero él consiguió su milagro.

Como muchas otras personas que Dios está usando para sus propósitos hoy día, yo no estoy calificada en el sentido natural de la palabra. No tengo suficiente formación académica. Creo que la formación es buenísima, y te animo a perseguirla si puedes, pero eso no necesariamente califica a alguien para ser usado por Dios. Casi suspendo la asignatura de lengua, y ahora mi programa de televisión se emite en dos tercios del mundo en más de 110 idiomas en el momento en el que escribo este libro. Cuando lo hayas leído, ese número habrá aumentado. Yo no fui a un seminario bíblico y nadie me enseñó nunca a preparar un sermón. Nunca tomé clases de hablar en público, pero Dios me ha preparado escogiéndome y ungiéndome. Me ha dado una determinación implacable para perseguir lo que Él me ha llamado a hacer, y eso es lo único que hace falta.

CAPÍTULO 15

Descubre el poder de interesarte en los demás

No se ocupen solo de sus propios intereses, sino también procuren interesarse en los demás.

Filipenses 2:4

Si has llegado hasta aquí en la lectura de este libro, puedo asumir que, con seguridad, estás listo para dejar de preguntarte constantemente: «¿Y qué hay de mí?». Confío en que estás listo para servir a Dios con todo tu corazón, aunque eso signifique sacrificar lo que quieres para interesarte en los demás.

Las personas egoístas solo se preocupan por sus propios intereses; incluso están dispuestas a hacer daño a otros para conseguir lo que quieren; sin embargo, en Filipenses 2:4 vemos que Dios quiere que nos preocupemos por los intereses de los demás y no solo por los nuestros.

Cuando los discípulos de Jesús estaban discutiendo acerca de quién de ellos era el más importante, Jesús dijo que el más importante de todos es el que sirve a todos (Lucas 22:24-27). Dijo que Él no vino a la tierra para ser servido sino para servir (Mateo 20:28).

En Juan 13:1-7, vemos un relato precioso de Jesús, el Hijo de Dios, quitándose la túnica, poniéndose una toalla de siervo y agachándose para lavar los pies de los discípulos. Sabiendo de dónde venía y a dónde iba, se puso la toalla de siervo y comenzó a lavar sus pies. Podía lavarles los pies porque sabía quién era. A las personas inseguras que realmente no saben quiénes son en Cristo les cuesta servir porque sienten la necesidad de impresionar a los demás. Servir no siempre impresiona a los demás, pero sí impresiona a Dios. No creo que ninguno de nosotros sea verdaderamente libre hasta que ya no sienta la necesidad de impresionar a nadie.

Me parece interesante que, cuando Jesús fue a lavar los pies de Pedro, Pedro se resistió y dijo que él debería lavar los pies de Jesús. Jesús respondió: «Si no te los lavo, no tendrás parte conmigo» (Juan 13:8 RVC). Esta es una afirmación poderosa que nos revela por qué muchas relaciones fracasan. Si no nos servimos los unos a los otros, no podemos tener parte los unos con los otros. Las relaciones que son unilaterales casi siempre fracasan. Si una persona no hace más que dar y la otra no hace más que quitar, la relación no es sana ni sostenible.

> No serás verdaderamente libre hasta que ya no sientas las necesidad de impresionar a nadie.

Quiero animarte a que te detengas por un momento y te preguntes qué haces por las personas con las que tienes una relación. El egoísmo de nuestra naturaleza humana hace que sea más fácil enfocarse en lo que obtenemos de una relación que en la generosidad que Dios quiere que mostremos en lo que aportamos a ella.

En Juan 13:17 Jesús dice: «¿Entienden esto? Dichosos serán si lo ponen en práctica». Debemos tener cuidado de no enorgullecernos solamente por saber cosas. El conocimiento es maravilloso, pero lo más importante es actuar sobre la base de ese conocimiento. El conocimiento, si no se pone en práctica, pierde su poder.

En un matrimonio o en una amistad, cada una de las partes debería hacer cosas por la otra. Dave y yo hemos estado casados desde el año 1967 y seguimos haciendo el esfuerzo de hacer cosas el uno por el otro, porque sabemos que es una de las maneras de seguir fortaleciendo un matrimonio. Yo he estado en relaciones unilaterales con personas que se hacían llamar mis amigos, pero las personas que solo quieren recibir sin dar nada a cambio no son realmente amigos, y yo no quiero más relaciones como esas.

Yo soy la presidenta de Joyce Meyer Ministries, pero eso no significa que soy demasiado importante como para servir a los demás. Los líderes siervos son los mejores líderes, y son un buen ejemplo para los que son más jóvenes y con el tiempo se convertirán en líderes. No sirve de nada decirles a los demás qué hacer y no hacerlo nosotros. A menudo analizo mi vida y me detengo a pensar qué estoy haciendo por los demás más allá de mi trabajo ministerial. Quiero vivir mi vida privada de la misma forma que enseño a los demás a vivir las suyas. Deberíamos orar y buscar oportunidades para ayudar y servir a los demás.

Yo tengo un trabajo que hacer, y Dios me ha dado personas que me ayudan para que eso ocurra. No puedo ocupar todo mi tiempo en el servicio porque tengo que predicar, estudiar, escribir, viajar y grabar para la televisión. Realmente todas estas cosas son servicio para aquellos que necesitan oír la Palabra de Dios, pero cuando tengo la oportunidad es bueno que sirva de maneras pequeñas pero importantes y prácticas, porque eso me recuerda que no soy más importante que nadie. Nunca deberíamos pedirle a alguien que haga algo que nosotros no haríamos si pudiéramos.

El poder de servir

La palabra griega para *siervo* comunica la idea de sometimiento sin cautiverio.[17] Si yo soy tu siervo, puedo someterme a ti sin sentir que estoy cautivo o que he perdido mi libertad.

Yo creo que muchas personas piensan que ser siervo es estar en una posición de inferioridad, pero para Dios es justamente lo contrario. Los verdaderos siervos deben estar llenos de confianza y seguros de sí mismos. Deben saber quiénes son en Cristo. No buscan un título o una posición que otros consideren importante; solo aman a Dios y quieren ayudar a los demás.

Dios les da el regalo de la solidaridad a algunas personas, y para ellas servir no es difícil. Muchas veces tienen que resistir la tentación de decir sí a todos los que les piden ayuda para mantener el balance en sus vidas. Aquellos de nosotros que no tenemos ese don debemos ser intencionales a la hora de ayudar a los demás.

Servir es poderoso. Aquellos que se humillan serán exaltados (1 Pedro 5:6). Lo de humillarse es difícil, pero lo de ser exaltado es muy divertido. Solo recuerda que lo de ser exaltado no llega si no nos hemos humillado primero bajo la poderosa mano de Dios. Si no estás acostumbrado a vivir un estilo de vida de siervo, podría resultarte difícil creer que, si dejas a un lado lo que tú quieres para servir a otra persona, tu gozo aumentará, pero yo sé por experiencia propia que esto es así.

Fíjate en cómo aprender a servir a otros cambió la vida de Darrell:

Me desperté a las cinco de la mañana en punto. Como la mayoría de los días, tenía que estar en el juzgado en unas horas para defender el caso de mi cliente. Con ojos soñolientos, comencé a tomar mi café y a pasar canales de la televisión para ver qué estaba ocurriendo en el mundo.

La ley era mi vida; mi pasión. Pero me sentía a la deriva, apático y hasta deprimido como si me faltara algo. Creía en Dios y había tenido una relación cercana con Él, pero en algún momento del camino lo saqué de mi vida.

Con el mando en la mano cambié de canal y me encontré con una mujer que predicaba la Palabra de Dios en un auditorio repleto de personas. Dios usó ese programa para sacarme del hoyo y cambiar mi vida. Es un milagro.

Comencé a estudiar la Escritura habitualmente y a aprender principios de la Palabra de Dios. Dios llenó el vacío de mi vida y renovó mi gozo, pasión y propósito.

Hoy soy árbitro legal, y reconozco que mi éxito se debe a mi tiempo en la Palabra de Dios. Mi familia dice que se me da mejor escuchar y definitivamente soy más generoso. De hecho, cuanto más doy a los demás, ¡más tengo! Ha cambiado quién soy. Ahora soy un dador alegre.

Antes me preguntaba muchas veces: «¿Y qué hay de mí? ¿Qué gano yo?». Pero Dios me trajo de vuelta. He aprendido que no se puede ser feliz y egoísta al mismo tiempo; tienes que hacer algo por otra persona.

Cada día muero

En 1 Corintios 15:31 (NVI) Pablo escribe: «cada día muero». Se refería a que enfrentaba la posibilidad de morir físicamente cada día por su compromiso a predicar el evangelio, pero también creo que se refería a que cada día debía decir «no» a sí mismo y «sí» a Dios.

Morir al yo significa que hacemos cosas que preferiríamos no hacer y aprendemos a hacerlas con buena actitud. No sirve de nada servir a los demás y después tener una actitud de mártir o sentir que están abusando de nosotros. Tampoco sirve de nada servir a otros y después sentarnos a pensar en lo buenos que somos por haberlo hecho.

A veces, incluso cuando sabemos que lo correcto es morir a diario y servir a los demás, nos olvidamos de hacerlo porque estamos muy ocupados. La Palabra de Dios nos anima a no hacer esto: «No se olviden de hacer el bien y de compartir con otros lo que tienen, porque esos son los sacrificios que agradan a

Dios» (Hebreos 13:16 NVI). Yo le pido a Dios diariamente que me muestre qué puedo hacer por los demás. No siempre me muestra algo, pero por lo menos sabe que estoy dispuesta. Yo creo que hacer cosas por los demás intencionalmente es lo que nos ayuda a luchar contra el egoísmo y nos impide asemejarnos más al mundo.

Busca necesidades y súplelas

Desarrolla el hábito de prestar atención a lo que la gente dice que quiere y necesita. Recientemente mencioné en un contexto de grupo que había estado buscando un modelo muy específico de bolso negro. Quería bolsillos por fuera y por dentro, y quería que tuviera cremallera. Unas dos horas después, una de las mujeres en el grupo llegó con el bolso que yo había estado buscando y me lo regaló. Me escuchó y fue a buscar lo que yo necesitaba. Recibir el regalo me alegró, y pude ver que habérmelo regalado le alegró a ella también. Lo interesante es que yo había estado buscando un bolso así por más un año y ella lo encontró en dos horas. Creo que a veces Dios esconde las cosas de unas personas y se las muestra a otras solo porque quiere bendecir a alguien.

> Presta atención a lo que la gente dice que quiere y necesita.

Me encanta Hechos 10:38, que dice: «Dios ungió a Jesús de Nazaret con el Espíritu Santo y con poder, y que él anduvo haciendo el bien y sanando a todos los que estaban oprimidos por el diablo» (RVC). Jesús usó su poder para ser una bendición para los demás, y mi opinión personal es que eso aumentó su poder. Cuando hacemos cosas por los demás no solo aumentamos nuestro poder; Dios también nos devuelve multiplicado lo que damos a otros. Ana Frank dijo: «Nadie se empobrece siendo generoso».[18]

Un acto de bondad desinteresado

Una vez recibí una alegría inesperada cuando tuve la oportunidad de ser de bendición para un completo desconocido. Dave y yo habíamos salido a comer a un restaurante en el que el servicio era extremadamente lento. Cuando la camarera llegó por fin a nuestra mesa, se disculpó por la tardanza y explicó que estaban faltos de personal. Al conversar con ella, nos dijo que estaba trabajando doble turno seis días por semana porque se había demorado con el pago de algunas facturas cuando el restaurante cerró un tiempo durante la pandemia del COVID-19. Dijo que tenía una hija pequeña y estaba preocupada de que le fueran a cortar la electricidad si no pagaba las facturas. Le dimos una propina generosa, pero después de irnos del restaurante el Señor comenzó a poner en mi corazón pagar sus facturas eléctricas.

Pensé en enviar a mi hija al restaurante para hacer las gestiones necesarias del pago de las facturas, pero sentí que Dios quería que lo hiciera yo misma. Al día siguiente regresé al restaurante, pero la camarera tenía el día libre. La anfitriona me reconoció y me dijo lo mucho que yo le había ayudado, así que le pregunté si le gustaría ayudarme a mí con algo. Dijo que sí, así que le hablé de la camarera y ella supo inmediatamente a quién me refería. Le di el correo electrónico de mi hija y le pedí que se lo diera a la camarera, diciéndole que si nos enviaba la factura eléctrica total, nosotros la pagaríamos. Finalmente ella nos envió la factura con un «gracias» muy entusiasta y nosotros pagamos la factura, que ascendía a varios cientos de dólares. Nunca volvimos a ver a la camarera, pero todavía recuerdo el gozo que sentí de poder quitarle un peso de encima; solo hizo falta algo de tiempo y dinero.

Hay muchas cosas que podemos hacer por las personas, aunque no la conozcamos, si tan solo escuchamos y estamos dispuestos a actuar si Dios nos guía a hacerlo. Vive para dar, no para recibir, y serás una persona feliz. Puedes escuchar las historias de la alegría que experimentan otras personas al ser generosas, pero la única manera de comprobarlo es hacerlo tú mismo. Podrías decir: «Es que no tengo suficiente dinero como para pagar la factura eléctrica de alguien». Dios no espera que hagas algo que no puedes hacer; sin embargo, en lugar de pensar en lo que no puedes hacer, piensa en lo que sí puedes hacer. Aunque solo puedas darle a alguien una pequeña parte de lo que necesita, agradarás a Dios y recibirás la recompensa de la alegría.

Servir desata el poder de Dios. En Hechos 6:1-8 los doce apóstoles le entregaron la tarea diaria de servir las mesas a Esteban y a otros que estaban calificados. La Biblia afirma que Esteban, que servía mucho a los demás, hizo grandes milagros.

> Servir con una buena actitud requiere una fortaleza espiritual muy grande.

Ser siervo es una posición de poder. Servir no es una señal de debilidad; servir con una buena actitud requiere una fortaleza espiritual muy grande.

Otra manera de ministrar a otros es aligerar sus cargas. Gálatas 6:2 dice que debemos llevar las cargas los unos de los otros. Eso significa que podemos orar por los demás y ejercitar la empatía cuando enfrenten situaciones difíciles. A veces, la empatía es el mejor regalo que podemos darle a alguien. Podemos animar con palabras o suplir una necesidad práctica. En otras ocasiones, una de las mejores maneras de ayudar a alguien que sufre es solamente estar a su lado. Muchas veces ni siquiera tenemos que decir nada, porque solo estar presentes es señal de que nos importa. Quisiera retarte a que descubras de cuántas maneras diferentes puedes servir o dar. Sé creativo y diviértete siendo de bendición para los demás.

Pablo escribe en Gálatas 6:10: «Por lo tanto, siempre que tengamos la oportunidad, hagamos bien a todos y en especial a los de la familia de la fe» (NVI). Otra traducción dice que «busquemos activamente ser de bendición». Te animo a que llenes tu mente de formas en las que puedes ser de bendición para otros. Me he dado cuenta de que el simple hecho de pensar en bendecir a otros me produce gozo. Deberíamos vivir para eso, no para nosotros mismos.

Un modo sencillo en que todos pueden servir

¿Cuántas cosas tienes en tu casa que no usas para nada y que hace mucho, mucho tiempo que no usas? ¿Ropa? ¿Joyas? ¿Menaje de la casa? Tendemos a guardar las cosas por si algún día las necesitamos, pero si no has usado algo en mucho tiempo, tal vez sería mejor que se lo regalaras a alguien que lo necesite. Si tienes mantas o abrigos que no usas, hay personas viviendo en la calle a las que les encantaría tenerlos para abrigarse. Si no tienes a quién darle las cosas, llévalas a un albergue o dónalas a una organización responsable.

Yo suelo repasar mi armario una vez al mes para sacar cosas que puedo regalar. Mi hija me ayudó a hacer esto hace algunos días, y desalojamos un armario en una habitación que casi no se usa. Encontramos mantas, varias almohadas, un edredón y otras cosas que se nos olvidó que teníamos. Las pusimos en cajas y lo llevamos todo a la organización Goodwill. A nuestra carne le encanta acumular cosas, pero a Dios le encanta vernos dar y ser generosos.

Servir es fruto de amar a Dios

En Juan 21, Jesús le preguntó a Pedro tres veces si le amaba. Cada una de las veces Pedro dijo que sí, y Jesús le respondió:

«alimenta a mis corderos», «cuida de mis ovejas» y «alimenta a mis ovejas» (vv.15, 16, 17). Yo creo que lo que realmente estaba diciendo es esto: «si me amas, ayuda a alguien».

Para Dios, las cosas pequeñas que hacemos por los demás pueden ser grandes. Después de la resurrección de Jesús, Él se apareció a sus discípulos y les sirvió el desayuno (Juan 21:12). Piénsalo: *El Señor resucitado les sirvió el desayuno a sus discípulos.* Esto me parece asombroso y me anima. Parece que Él pensaba que servir era importante.

Jesús hizo muchas cosas pequeñas. «Se detuvo» cuando escuchó a dos hombres ciegos gritar pidiendo ayuda (Mateo 20:30-32 RVC). Se tomó el tiempo de hablar con niños (Mateo 19:13-15) y se detuvo a ayudar a personas que estaban sufriendo. Jesús se detuvo para ayudar al ciego Bartimeo cuando clamó pidiendo misericordia (Marcos 10:46-52). Se detuvo para ayudar a la mujer con flujo de sangre (Marcos 5:25-34). Y se detuvo para resucitar al hijo de una viuda (Lucas 7:11-17). Jesús iba frecuentemente a algún lugar, igual que nosotros. Estoy segura de que Él estaba ocupado, pero nunca demasiado ocupado como para no detenerse con las personas que estaban sufriendo. Se nos anima constantemente a estudiar los *pasos* de Jesús, pero hoy quiero animarte a estudiar los momentos en los que Jesús *se detuvo*. No permitas que tu plan sea tan importante como para no ayudar a alguien en necesidad.

La única manera de conquistar el egoísmo y que siga conquistado es estar involucrado activamente en ayudar a otros. Pasamos mucho tiempo buscando nuestra propia felicidad, pero la realidad es que no tenemos la capacidad de darnos felicidad a nosotros mismos (al menos no una felicidad duradera). Vivir la vida más egoísta y egocéntrica del mundo no nos dará felicidad duradera; sin embargo, cada vez que sembramos una semilla de felicidad en la vida de otra persona, Dios traerá una cosecha de alegría a nuestra propia vida. Dios nos creó para pensar en los demás, no solo en nosotros mismos para intentar así conseguir todo lo que queremos.

Haz todo como si fuera para el Señor

Trabajen de buena gana en todo lo que hagan, como si fuera para el Señor y no para la gente. Recuerden que el Señor los recompensará con una herencia y que el Amo a quien sirven es Cristo.

Colosenses 3:23–24

Ya sea que hagamos algo grande o algo pequeño, deberíamos hacerlo como si fuera para Jesús y no para impresionar a los demás, porque la recompensa que recibiremos viene de Él.

Todo lo que hacemos puede convertirse en un acto espiritual si lo hacemos como para el Señor. Pensamos que la oración, el estudio bíblico y asistir a la iglesia son actividades espirituales (y lo son), pero ir al supermercado, hacer la colada e ir a trabajar a una oficina también puede ser algo espiritual si en tu corazón lo haces como si fuera para el Señor. Algunas iniciativas pueden producir más fruto espiritual que otras, pero todo lo que hacemos puede ser espiritual e incluso santo si lo hacemos como para el Señor.

Cuando me visto en la mañana, suelo pararme a pensar si estoy vestida de una manera que honre a Dios. Quiero verme bien para Dios, no para impresionar a las personas. Quiero representarlo bien a Él. Por muy común que pueda parecer lo que hagas, intenta pensar: *hago esto para ti, Señor*.

Una manera sencilla de servir a Dios y a los demás es animando a otros. Todas las personas necesitan recibir ánimo: los ricos y los pobres, los que están en autoridad y los que están bajo autoridad, los casados y los solteros, los que tienen hijos y los que no los tienen. No se me ocurre una sola categoría de personas que no necesiten recibir ánimo. El ánimo le da a la gente la valentía para seguir adelante. La vida es dura para todos, y nunca sabes si una palabra de aliento o un cumplido puede cambiar el día de alguien. Muchas personas están sufriendo pero no lo aparentan. Nos hemos hecho expertos en aparentar que todo está bien cuando no es así. Las personas suelen tener miedo a ser sinceros acerca de sus sentimientos por temor al rechazo o a ser juzgados duramente.

Cada día, proponte dar el regalo de la confianza en uno mismo a alguien. Utiliza tus palabras para ser de bendición para los demás. Las palabras son extremadamente poderosas (Proverbios 18:21). Haz feliz a alguien, y también tú serás feliz.

Otro modo sencillo de servir a otros es escucharlos con intención. Muchas veces la gente solo necesita alguien con quien hablar. Algunas personas hablan demasiado y no podemos permitir que tengan el monopolio de nuestro tiempo, pero si somos sensibles al Espíritu Santo, sabremos cuándo debemos tomarnos el tiempo de escuchar.

Una vez estaba esperando en la consulta del médico y había un hombre mayor sentado cerca de mí. Yo me había llevado mi Biblia y quería leer y orar en la sala de espera, pero ese hombre me estaba impidiendo ser espiritual como yo quería. Estaba un poco molesta con él cuando de pronto Dios susurró a mi corazón: «Si este hombre fuera Billy Graham, ¿lo escucharías?».

Inmediatamente supe lo que Dios quería decirme. Yo no quería escuchar al hombre en aquella sala de espera porque no sacaría nada de ello, pero si hubiera sido Billy Graham o cualquier otra persona a la que considerara «importante», habría escuchado y después habría hablado a todo el mundo acerca de la persona importante con la que conversé ese día. El hombre mayor no era importante para mí, pero sí era importante para Dios, igual que todas las personas de la tierra. Si queremos trabajar con Dios y para Dios, esta es una de las primeras lecciones que debemos aprender. Me alegra decir que, si esa misma situación ocurriera hoy, escucharía a ese hombre, pero en ese momento fui demasiado egoísta como para hacerlo. Estoy muy agradecida por el cambio milagroso que Dios produce en nuestras vidas.

CAPÍTULO 16

Pelea contra la avaricia con generosidad

¡Tengan cuidado con toda clase de avaricia! La vida no se mide por cuánto tienen.

Lucas 12:15

Proverbios 1:19 dice que la avaricia le quita la vida a su dueño. Gracias a Dios que, cuando nacemos de nuevo y su Espíritu viene a vivir dentro de nosotros, nos da generosidad. Nuestra nueva naturaleza quiere ser generosa, y ser generoso es la única manera que conozco para luchar contra la avaricia y el egoísmo.

En Lucas 12:16-21, Jesús cuenta la historia de un hombre rico cuyos campos produjeron una cosecha tan abundante, que no tenía donde ponerla porque sus graneros ya estaban llenos. Pensó qué podía hacer y decidió derribar sus graneros y construir otros más grandes para sí mismo. Dijo: tendré grano de sobra para muchos años y podré comer, beber y ser feliz.

Observemos que no dice nada sobre que tuviera un deseo de utilizar su abundancia para bendecir a otras personas. Me pregunto cuántos de sus vecinos tenían necesidades que él podría haber suplido y aun así tener más que suficiente para sí mismo.

¿Qué ocurrió a continuación? Dios le dijo: «¡Necio! Vas a morir esta misma noche. ¿Y quién se quedará con todo aquello por lo que has trabajado?» (v. 20). Esta es una dura realidad en la que deberíamos meditar, porque ninguno de nosotros sabe cuánto tiempo le queda en la tierra. El hombre rico tomó decisiones pensando que estaría aquí por mucho tiempo, pero Dios le dijo que no sobreviviría a la noche. Tengo que preguntarme si habría sido generoso y habría utilizado sus recursos para ayudar a otros si hubiera vivido por más tiempo.

Multitudes de personas viven sus vidas egoístamente ahorrando cada moneda que consiguen, y después mueren antes de tener la oportunidad de disfrutar de sus bienes. Creo firmemente que es necesario ahorrar dinero para el futuro. Es sabio hacerlo. Proverbios 13:22 dice: «El hombre de bien deja herencia a sus nietos» (NVI). Sin embargo, además de prepararnos para el futuro también deberíamos ser generosos con los demás y disfrutar la vida con la que Dios nos ha bendecido. Dave tiene una fórmula muy simple para el manejo del dinero. Él dice: «Da un poco, ahorra un poco, y gasta un poco dentro de tus límites...y Dios expandirá tus límites». Esta fórmula es balanceada, y todos necesitamos balance en nuestras vidas. Los excesos en cualquier área de la vida son como un patio de juegos para el enemigo.

> Los excesos en cualquier área de la vida son como un patio de juegos para el enemigo.

Las personas generosas llaman la atención de Dios

El Nuevo Testamento incluye varias historias impresionantes acerca de personas que fueron generosas. Me gustaría resaltar a dos de ellas.

Tabita

En Hechos 9:36-41 se nos habla de una seguidora de Jesús llamada Tabita (Dorcas en griego), que era conocida en su pueblo por ser una mujer que se esforzaba haciendo buenas obras y ayudando a los pobres; pero se puso enferma y murió. Cuando el apóstol Pedro se enteró, fue a su casa, se arrodilló a su lado, oró y dijo: «¡Tabita, levántate!» (v. 40). Y ella lo hizo.

Cornelio

Hechos 10 nos cuenta la historia de un centurión romano que se llamaba Cornelio y temía a Dios. Él oraba y daba generosamente a los necesitados. Un día, se le apareció un ángel y le dijo: «Tus oraciones y limosnas han ascendido como memorial delante de Dios» (v. 4 NBLA). Un memorial es algo que destaca para Dios como recordatorio de lo que una persona ha hecho. Nosotros tenemos memoriales aquí en la tierra que han sido diseñados con el mismo propósito.

El ángel le dijo a Cornelio que mandara llamar a Simón Pedro, también conocido como el apóstol Pedro (v. 5). Cuando los hombres de Cornelio preguntaron por Simón Pedro en la casa donde se alojaba, el Espíritu Santo le dijo: «tres hombres te buscan. Date prisa, baja y no dudes en ir con ellos, porque yo los he enviado» (vv. 19-20 NVI).

Normalmente, Simón Pedro no habría ido a la casa de un gentil, pero cuando llegó, Cornelio lo esperaba junto a un gran grupo de personas (v. 27). Mientras Simón Pedro les hablaba de Dios, el Espíritu Santo cayó sobre ellos y los bautizó (vv. 44-48).

Los cristianos consideran a Cornelio el primer gentil en convertirse al cristianismo, y la Escritura nos dice claramente que el ángel llegó a él por sus oraciones y donaciones a los pobres (v. 4). Se alzaban ante Dios como un memorial, y Él se acordó de Cornelio. Tú y yo podemos aprender de esta historia que Dios también se acuerda de nuestras donaciones a los pobres y nos recompensará.

Muchas veces hablamos del poder de Dios que estaba presente en la iglesia primitiva. Ellos veían milagros, señales y prodigios regularmente. Yo creo que hay una relación directa entre la generosidad y el poder de Dios. Te animo a que leas Hechos 4:32-35. Este pasaje nos enseña que los primeros creyentes estaban unidos en corazón y mente y compartían todo lo que tenían (NVI). Nos enseña que no eran egoístas y que, siempre que alguien tenía una necesidad, la generosidad de los demás creyentes la suplía.

Dios es generoso

Dios es generoso, y si queremos imitarlo, también tenemos que ser generosos. Uno de los muchos nombres del Señor en el Antiguo Testamento es *Jehová Jiré*, que significa «el Señor proveerá». En Efesios 3:20 se nos anima a hacer oraciones audaces porque Dios es «poderoso para hacer que todas las cosas excedan a lo que pedimos o entendemos» (RVC).

Nuestro Dios no es el Dios de la «supervivencia», sino que es un Dios generoso que se deleita en ver bendecidos a sus hijos de todas las maneras posibles. Tercera de Juan 2 dice: «deseo que seas prosperado en todo, y que tengas salud, a la vez que tu alma prospera» (RVC).

Dios quiere que nuestra alma prospere primero, lo cual significa que desea nuestra madurez espiritual, y después Él añadirá otros tipos de prosperidad. Las cosas espirituales siempre deberían ser más importantes que las cosas materiales.

> Dios quiere que tu alma prospere primero.

La Palabra de Dios dice que, si traemos todos los diezmos a su casa, Él reprenderá al devorador por nosotros y abrirá las ventanas de los cielos y *derramará* bendiciones tan grandes que no podremos contenerlas (Malaquías 3:10-11 énfasis de la autora). Dios no distribuye las bendiciones con un gotero; las *derrama*.

Según el Cristianpost.com, solo un trece por ciento de los cristianos evangélicos diezma, lo cual significa dar una décima parte de algo. Basándonos en esta estadística, si creemos en la Palabra de Dios, el ochenta y siete por ciento de los cristianos se están perdiendo las bendiciones de Dios.

Algunas personas dicen que diezmar es parte de la ley (que se limita a las enseñanzas del Antiguo Testamento) y que no es parte de las enseñanzas del Nuevo Testamento. Jesús dijo en Mateo 23:23 y Lucas 11:42 que no se debía descuidar el diezmo, pero lo dijo antes de que el nuevo pacto fuera ratificado. Para hacer hincapié en esto, supongamos que el diezmo no es un requisito del nuevo pacto. Pablo enseña a los cristianos a ser generosos con lo que tienen (2 Corintios 9:6-11). Me gustaría preguntar: si los creyentes bajo el antiguo pacto daban un diez por ciento bajo la ley, ¿cuánto deberíamos dar nosotros por gracia? Creo que definitivamente daríamos más que las personas de los tiempos del Antiguo Testamento. Si realmente quisiéramos ser generosos, dudo que en algún momento diéramos menos del diez por ciento. Seguramente daríamos más. No estoy intentando convencerte de que diezmes o no diezmes. Menciono esto simplemente por hacer énfasis en que siempre deberíamos hacer *todo* lo que podamos, no lo *mínimo*. Cosecharemos solo lo que sembremos. Dave y yo creemos en el diezmo. Lo hacemos porque queremos, no porque sentimos que tengamos que hacerlo. El diezmo es para nosotros un punto de partida y nos encanta hacer muchas otras cosas además de diezmar cuando surgen las necesidades o solo por bendecir a alguien.

Si tienes hijos, sabes que te encanta ver a tus hijos bendecidos y sanos, y disfrutas de ayudarlos a mejorar sus vidas y quitar de ellos cargas. Si nosotros como padres deseamos esto para nuestros hijos, ¿cuánto más no deseará nuestro Padre celestial lo mismo para nosotros sus hijos?

> Pues si ustedes, aun siendo malos, saben dar cosas buenas a sus hijos, ¡cuánto más su Padre que está en los cielos dará cosas buenas a los que le pidan!
>
> Mateo 7:11 NVI

Sembrar y cosechar

Todos los agricultores saben que, para cosechar, deben sembrar semillas. Dios usa este mismo principio en la mayoría de las áreas de nuestra vida. Fíjate en los siguientes versículos:

> Hay amigos que no son amigos, y hay amigos que son más que hermanos.
>
> Proverbios 18:24 RVC

> Dichosos los compasivos, porque serán tratados con compasión.
>
> Mateo 5:7 NVI

> No se engañen. Dios no puede ser burlado. Todo lo que el hombre siembre, eso también cosechará. El que siembra para sí mismo, de sí mismo cosechará corrupción; pero el que siembra para el Espíritu, del Espíritu cosechará vida eterna. No nos cansemos, pues, de hacer el bien; porque a su tiempo cosecharemos, si no nos desanimamos.
>
> Gálatas 6:7–9 RVC

Estos versículos y otros como ellos nos muestran el principio del reino de sembrar y cosechar que Dios puso en marcha desde que creó el mundo. Si obedecemos este principio, cosecharemos sus recompensas. Dios, en su gracia, nos da una forma de suplir nuestros deseos, que es dar una parte de lo que queremos.

> *Suple tus deseos dando una parte de lo que quieres.*

Siempre deberíamos ayudar a los pobres porque hacerlo es algo que Dios valora mucho. Cuando damos a los pobres le prestamos al Señor, y el Señor nos lo devolverá (Proverbios 19:17). Fíjate en lo que dice la Biblia acerca de la verdadera religión:

> La religión pura y verdadera a los ojos de Dios Padre consiste en ocuparse de los huérfanos y de las viudas en sus aflicciones, y no dejar que el mundo te corrompa.
>
> Santiago 1:27

Dios parece guardar un lugar especial en su corazón para los huérfanos y las viudas. Las personas de ambos grupos tienden a sentirse solas, y es posible que no tengan a nadie que les ayude. Dios nos pide que los ayudemos. Dave y yo conocemos a una viuda que es dueña de su casa pero no puede pagar los impuestos que ésta conlleva, así que varios de nosotros nos juntamos cada año y pagamos sus impuestos. A veces le damos tarjetas regalo para que pueda comprar comida o ropa.

Algunas sugerencias de maneras en las que puedes ayudar a los huérfanos y a las vidas es incluirlos en actividades que hagas con tu familia, llevarlos a comer, o comprarles un regalo que no pueden permitirse comprar ellos mismos. Los huérfanos, las viudas y otros que también tienen necesidad pueden sentirse invisibles si nadie les presta atención. Simone Weil dijo: «La atención es la forma más escasa y más pura de ser generoso».[19]

Ayudar a los pobres es muy sencillo. Si conoces personas que están pasando necesidad, comienza con ellas. También puedes buscar algún ministerio al que Dios haya llamado para ministrar a los pobres y preguntar qué puedes hacer para ayudarlos. Hace poco enviamos a alguien de nuestro equipo ministerial a todos los albergues de nuestra ciudad para ver cuál de ellos haría una gestión responsable del dinero si donáramos alguna cantidad. Nos encontramos con varias personas increíbles que estaban dispuestas a hacer el trabajo pero necesitaban dinero para hacerlo.

Si tu iglesia o los ministerios a los que apoyas están ayudando a los pobres, tú también estás ayudando a los pobres a través de ellos. Todas las iglesias deberían poner en marcha iniciativas para alcanzar a los perdidos y los necesitados. Dios nos llama a mirar por los demás, no solo por nosotros mismos y nuestras necesidades. Cuando miramos por los demás estamos sembrando una semilla, y Dios proveerá una cosecha que supla nuestras necesidades.

Te animo encarecidamente a que hagas de la generosidad tu estilo de vida. John Bunyan dijo: «No habrás vivido de verdad el día de hoy hasta que hayas hecho algo por alguien que nunca pueda devolvértelo».[20]

Las personas avariciosas y tacañas no solo son egoístas; también es más probable que cedan a hacer cosas deshonestas para conseguir más para sí mismos. Para el avaricioso, lo suficiente nunca es suficiente. La palabra más importante de su vocabulario es *más*. Las personas que nunca están contentas con lo que tienen nunca estarán satisfechas; incluso cuando consigan lo que quieren.

> Si no estás contento con lo que tienes, tampoco estarás satisfecho cuando consigas lo que quieres.

Sé generoso a propósito

Satanás se propone lograr que seamos tacaños y avariciosos. Esa es su meta, y no se cansa de intentar cumplirla. Nosotros deberíamos proponernos ser generosos y no cansarnos de serlo.

Permíteme animarte a *planificar tu generosidad*. Piensa en personas a las que puedes ayudar. Escucha cuando personas te digan lo que les gusta o lo que necesitan. Pasa tiempo con alguien que se siente solo. Haz actos de bondad sin pensarlo. Averigua dónde están los albergues para los pobres en tu ciudad y dona dinero, ropa, mantas, calcetines, abrigos u otros artículos que necesiten. Hacer una lista de cosas que puedes hacer para ser generoso es divertido. No te limites a seguir mi lista; sé creativo y anota tus propias ideas.

Mi meta es regalar algo todos los días. Podría ser una propina generosa en un restaurante, enviar un mensaje de ánimo a alguien, o hacer limpieza de mi armario y donar ropa. También podría ser amable con alguien que no conozco. Como he dicho, hay miles de formas de ser una bendición para los demás. No cumplo mi objetivo todos los días, pero Dios sabe que estoy dispuesta si Él me pone en el corazón hacer algo.

Además de tu generosidad habitual, aparta una cantidad de dinero cada mes en un fondo dedicado a dar. Podría ser una cuenta bancaria o un sobre que tengas en tu casa. Lleva siempre contigo algo del dinero de este fondo, porque nunca sabes cuándo puede presentarse una oportunidad de ser generoso. Si estás preparado, no te la perderás. Aunque solo puedas comenzar con poco, es un buen punto de partida.

Yo guardo una caja de generosidad en mi armario, y cuando me encuentro con artículos que ya no uso, los meto dentro. La caja puede llegar a contener ropa, productos de cuidado de la piel, accesorios de decoración que he sustituido, zapatos, bolsos, productos para el cabello, libros que ya he leído o que no voy a leer, y velas que no me gustan. Esa caja ha llegado a tener casi cualquier cosa imaginable. Cuando se llena, se la doy a mi hija Laura, que distribuye el contenido a gente que sabe que lo usaría y dona el resto a algunas ONG o tiendas de segunda mano. En otras ocasiones llevo las cajas a mi oficina y regalo los artículos a personas de allí que los quieren. También tenemos una iglesia en un barrio donde hay mucha necesidad, así que llevamos cosas allí para que puedan distribuirlas.

Mis sugerencias de generosidad, por supuesto, se basan en lo que tú tienes. Dios no espera que des todo lo que tienes y es posible que no puedas hacer mucho, pero haz lo que puedas porque lo peor que podemos hacer es no hacer nada. ¿Cuántas cosas tienes en tu casa que no usas o que seguramente nunca usarás? Tu carne querrá quedarse con esos artículos «por si acaso», pero si los necesitaras seguramente no recordarías dónde los dejaste, especialmente si no los has usado en mucho tiempo.

Cuando hago lo que he llamado «destrastar» mi casa, encuentro cosas que se me había olvidado que tenía. Algunas de ellas son sorpresas agradables y puedo usarlas, pero otras las miro y pienso: *¿Por qué compré esto?*

En cuanto al dinero, hay dos pruebas que debemos superar. Una es cómo nos comportamos cuando no tenemos suficiente, y la otra es cómo nos comportamos cuando tenemos de sobra. Para superar las pruebas, debemos confiar en Dios cuando no tenemos suficiente y no quejarnos. Cuando tenemos de sobra, debemos asegurarnos de no ser como el hombre que mencioné anteriormente en este capítulo que tenía una cosecha tan grande que, en lugar de destinar una parte a ayudar a otros, decidió derribar sus graneros para construir unos más grandes; pero nunca pudo hacerlo.

Siempre tendremos una buena cosecha si sembramos buena semilla, porque Gálatas 6:7 (NVI) dice: «Cada uno cosecha lo que siembra». Puede que tome algo de tiempo, pero ocurrirá. Por supuesto que también cosechamos de las malas semillas que sembramos, así que debemos ser muy sabios con nuestros pensamientos, nuestras palabras y nuestras acciones porque cada una de ellas es una semilla.

Generosidad y gratitud

Nunca podremos superar a Dios en generosidad. Para ilustrar esto, permíteme contarte una historia. Hace muchos años atrás, yo estaba a punto de firmar un contrato con la primera editorial que tuve. La bonificación por firmar iba a ser la cantidad más grande de dinero que Dave y yo habíamos recibido jamás. Yo estaba tan decidida a no ser egoísta, que decidí regalar todo el dinero. Se lo entregué a Dios antes de recibirlo. Mientras tanto, mi editorial tuvo problemas financieros y decidieron vender mi contrato y mis libros a una editorial más conocida que me ofreció nueve veces la cantidad de dinero que yo me había comprometido a regalar. ¡Había llegado el momento de la cosecha! Dave y yo pudimos dar lo que nos habíamos comprometido a dar y, por primera vez en nuestra vida, invertir algo de dinero.

> Nunca podrás superar a Dios en generosidad.

Cuando Dios nos bendice, ya sea de manera extravagante como lo que ocurrió con mi contrato editorial o de alguna forma que implique menos dinero, deberíamos ser agradecidos. Yo he aprendido a ser agradecida por muchas pequeñas bendiciones, ya sean financieras o de cualquier otro tipo, antes de recibir una experiencia tan extraordinaria con la generosidad de Dios.

Creo que, mientras más agradecidos seamos por lo que tenemos y lo que Dios ha hecho por nosotros, más generosos seremos con los demás. De hecho, ser generosos con otras personas es un modo de dar las gracias al Señor. Mis tiempos de oración diarios incluyen mucha gratitud por lo que Dios ha hecho por nosotros y todas las bendiciones que nos da. He observado que, cuando le doy gracias a Dios y recuerdo cómo me bendice, comienzo a querer hacer algo para bendecir a otra persona.

Cuando estoy agradecida estoy contenta, y eso hace que quiera dar a los demás.

Ni siquiera tienes que esperar a que te ocurra algo bueno antes de ser una bendición para otros; puedes comenzar el ciclo siendo el primero en dar y hacerlo de manera incluso agresiva.

¿Qué dice la ciencia acerca de la gratitud?

Los investigadores han estudiado la gratitud durante dos décadas y han descubierto su valor y sus beneficios. Ser agradecidos nos hace estar felices, nos ayuda a dormir mejor, nos mantiene saludables y nos hace más generosos.[21]

Es interesante que, solo en las últimas dos décadas, la ciencia ha llegado a estar de acuerdo con lo que Dios ha dicho todo el tiempo.

PARTE 5

«Realmente no se trata de mí»

CAPÍTULO 17

Por el amor de Dios

El que me ama obedecerá mi palabra y mi Padre lo amará; vendremos a él y haremos nuestra morada en él. El que no me ama, no obedece mis palabras. Pero estas palabras que ustedes oyen no son mías, sino del Padre que me envió.

Juan 14:23–24 NVI

No podemos ser egoístas y egocéntricos y caminar en amor al mismo tiempo. Como caminar en amor es el mandamiento principal que Dios quiere que obedezcamos, debemos prestar una atención especial a nuestros pasos de amor. Cuando un experto en la ley le preguntó a Jesús cuál de los mandamientos era el más importante, Él respondió:

> Ama al Señor tu Dios con todo tu corazón, con toda tu alma y con toda tu mente. Este es el primer mandamiento y el más importante. Hay un segundo mandamiento que es igualmente importante: Ama a tu prójimo como a ti mismo. Toda la ley y las exigencias de los profetas se basan en estos dos mandamientos.
>
> Mateo 22:37–40

Debemos comprender la importancia que Jesús le da a amar a Dios y a amar a las personas como a nosotros mismos. Aquí tienes dos versículos más que refuerzan este punto:

> El propósito de mi instrucción es que todos los creyentes sean llenos del amor que brota de un corazón puro, de una conciencia limpia y de una fe sincera.
>
> 1 Timoteo 1:5

> Bien harán ustedes en cumplir la ley suprema de la Escritura: «Amarás a tu prójimo como a ti mismo».
>
> Santiago 2:8 RVC

Ya que ser egoístas y egocéntricos nos impide caminar en amor, debemos decidir cómo obedeceremos a Dios en este área. Podría decirte que luches contra el egoísmo todo el tiempo, pero creo que dedicar tu energía a enfocarte en caminar en amor es un plan mejor. Si estamos llenos del amor de Dios y permitimos que fluya a través de nosotros hacia los demás, no habrá espacio para el egoísmo en nuestra vida. Me tomó mucho tiempo aprender esta lección, e intenté conquistar el egoísmo sin hacer mucho progreso hasta que me di cuenta de que mi enfoque debía estar puesto en caminar en amor, lo cual es positivo, en lugar de luchar contra el egoísmo, que es negativo. Gálatas 5:16 nos dice que caminemos en el Espíritu para no ceder ante los deseos de la carne. Enfócate en hacer lo correcto y no habrá espacio en tu vida para lo malo.

> *Enfócate en caminar en amor, no en luchar contra el egoísmo.*

Recibe el amor de Dios y entrégalo

Nosotros lo amamos a él, porque él nos amó primero.
1 Juan 4:19 RVC

Es muy importante que entendamos que Dios nos ama con todo su corazón y que su amor está en nosotros. Romanos 5:5 dice que, cuando nacemos de nuevo, el amor de Dios se derrama en nuestros corazones mediante el Espíritu Santo. Al leer este capítulo, te animo a que te apropies del amor de Dios y aprendas a amarte simplemente porque Dios te ama. Entonces, permite que ese amor fluya a los demás a través de ti. Ama a todos, incluso a las personas que no lo merecen. No seas tacaño con el amor de Dios. Recuérdate a ti mismo que Dios te ama, y medita en los versículos que te lo confirman. Pasa tiempo en su presencia recibiendo su amor y propósito para expresar su amor a los demás.

La Biblia habla mucho sobre caminar en amor. Uno de los muchos lugares donde habla sobre esto es en 2 Juan 5-6 (NVI):

> Y ahora, señora, ruego que nos amemos los unos a los otros. Y no es que le esté escribiendo un mandamiento nuevo, sino el que hemos tenido desde el principio. En esto consiste el amor: en que pongamos en práctica sus mandamientos. *Y este es el mandamiento: que vivan en este amor*, tal como lo han escuchado desde el principio. (énfasis de la autora)

Tienes muchas oportunidades para amar a la gente.

Cuando caminamos, lo hacemos un paso cada vez. Para mí, eso significa que todos los días tendremos muchas oportunidades para amar a la gente. Tendremos que tomar muchas decisiones y hacer muchas cosas cuando interactuemos con las personas que nos rodean; y cada una de ellas es un paso en nuestro camino de amor. Podemos amar a las personas con nuestros pensamientos, oraciones, palabras y acciones.

Amor y sacrificio

Caminar en amor y sacrificarnos son dos cosas inseparables. Puede que no tengamos que hacer un sacrificio cada vez que mostremos amor, pero muchas veces sí tenemos que soltar algo que queremos para poder expresar amor a otra persona. Una vez le pregunté al Señor por qué no hay muchas más personas que caminen en amor, y siento que Él me mostró que eso ocurre porque el amor siempre tiene un precio. Costará tiempo, energías, tal vez dinero u otra cosa. Recuerda que Jesús se sacrificó a sí mismo por nosotros, así que los sacrificios que hagamos a otros en obediencia a Él son pequeños en comparación. El amor es un esfuerzo, y como nuestra carne es perezosa, las personas que son adictas a hacer lo que quieren hacer no querrán caminar en amor.

Jesús soportó la cruz por el gozo que tendría al final (Hebreos 12:1). Si rendimos nuestros deseos personales para seguir la guía del Espíritu Santo experimentaremos gran gozo. Todos los sacrificios al final tienen su recompensa, la cual podría no llegar inmediatamente, pero llegará.

Pablo escribe que, para poder participar de la gloria de Cristo, debemos compartir su sufrimiento; sin embargo, también resalta que el sufrimiento no es nada comparado con la gloria que vendrá (Romanos 8:17–18). Cuando sacrificas algo para mostrar amor a alguien, no te enfoques en lo que estás perdiendo; enfócate en lo que ganarás y en el hecho de que estás obedeciendo y agradando a Dios, así como llevando gozo a otra persona.

En varias ocasiones, Dios ha puesto en mi corazón regalar algún artículo, como por ejemplo alguna prenda o alguna joya que me gustaba mucho. Aunque dejar ir algo que me gustaba fue difícil, me alegré al saber que había sido obediente a Dios y que lo que me pertenecía produjo alegría en la vida de otra persona. Hay muchas maneras de mostrar amor a otros. Sé amigable, haz cumplidos, ayuda a suplir una necesidad en su vida, ora por ellos, sé paciente con sus debilidades y sé rápido para perdonarlos si hacen algo que te duele. Si eres consciente de que luchan con algún pecado en particular, no extiendas rumores; guárdalo para ti y ora por ellos.

Mostramos más amor en nuestro modo de tratar a las

> **Muestra amor a alguien que no te caiga muy bien.**

personas que en lo bien o mal que nos caen. Puedes mostrarle amor a otra persona que no te caiga muy bien. No tenemos que tener ganas de hacer lo correcto para hacerlo.

Amarte a ti mismo

No puedes dar de lo que no tienes, por eso Jesús dice que debemos amar a nuestro prójimo como nos amamos a nosotros mismos (Mateo 22:37–40). Amarte a ti mismo no tiene nada de malo. A mí me gusta decir: «Ámate a ti mismo, pero no estés *enamorado* de ti mismo». Esto significa que no debemos amarnos a nosotros mismos de manera egoísta, sino que apreciemos el hecho de que Dios puso especial cuidado al crearnos y que Jesús piensa que somos lo suficientemente valiosos como para sufrir en la cruz, tomar el castigo que merecíamos y morir en nuestro lugar.

Uno de los mayores problemas que enfrentamos, que también es una razón por la que las personas muestran tan poco amor los unos por los otros, es que no nos amamos a nosotros mismos. Puede sonar raro que te diga que te ames a ti mismo pero no seas egoísta; sin embargo, puedes amarte a ti mismo y no ser egoísta si te amas con el amor de Dios que ha sido derramado en tu interior mediante el Espíritu Santo (Romanos 5:5).

Juan, el apóstol del amor

El apóstol Juan era conocido originalmente como uno de los «Hijos del trueno» junto a su hermano Santiago (Marcos 3:17). Sin embargo, con el tiempo Juan pasó a ser conocido como el apóstol del amor. Esto me anima mucho. El amor de Dios nos cambia, como hizo con Juan. De todos los discípulos de Jesús, Juan parecía ser el más cercano a Él. Se refería a sí mismo como «el discípulo a quien Jesús amaba» (Juan 21:7, 20). No era solo el discípulo a quien Jesús amaba sino que además parecía ser consciente de lo mucho que Jesús lo amaba, y tenía una relación especialmente íntima con nuestro Señor. Estas son algunas de las afirmaciones de Juan acerca del amor:

> Así distinguimos entre los hijos de Dios y los hijos del diablo: el que no practica la justicia no es hijo de Dios, como tampoco lo es el que no ama a su hermano. Este es el mensaje que han oído desde el principio: que nos amemos los unos a los otros.
>
> 1 Juan 3:10–11 NVI

> Si amamos a nuestros hermanos creyentes, eso demuestra que hemos pasado de muerte a vida; pero el que no tiene amor sigue muerto.
>
> 1 Juan 3:14

> En esto conocemos lo que es el amor: en que Jesucristo entregó su vida por nosotros. Así también nosotros debemos entregar la vida por nuestros hermanos.
>
> 1 Juan 3:16 NVI

> Pero ¿cómo puede habitar el amor de Dios en aquel que tiene bienes de este mundo y ve a su hermano pasar necesidad, y le cierra su corazón?
>
> 1 Juan 3:17 RVC

Queridos hijos, que nuestro amor no quede solo en palabras; mostremos la verdad por medio de nuestras acciones.

1 Juan 3:18

Las facetas del amor

Una faceta es una cara de algo que tiene muchas caras, como un diamante. Primera de Corintios 13, que es conocido como el «capítulo del amor» de la Biblia, nos hace una descripción del amor y nos habla de sus facetas. He escuchado que si una pareja de casados leyera estos versículos juntos cada mañana y viviera de acuerdo a ellos, nunca se divorciarían.

Primera de Corintios 13:4–8 describe el amor de esta forma:

- El amor es paciente.
- El amor es bondadoso.
- El amor no es celoso.
- El amor no es fanfarrón.
- El amor no es orgulloso.
- El amor no es ofensivo.
- El amor no exige que las cosas se hagan a su manera.
- El amor no se irrita.
- El amor no lleva un registro de las ofensas recibidas.
- El amor no se alegra de la injusticia sino que se alegra cuando la verdad triunfa.
- El amor nunca se da por vencido.
- El amor jamás pierde la fe.
- El amor siempre tiene esperanzas.
- El amor se mantiene firme en toda circunstancia.
- El amor durará para siempre.

Te recomiendo que, en lugar de simplemente leer esta lista, estudies cada una de esas palabras. Busca sus definiciones y reúne otros versículos de la Palabra de Dios que te ayuden a entenderlas. Medita en ellas y pregúntate a diario si estás actuando en estas facetas del amor. Creo que este ejercicio podría ayudarnos a todos a permanecer en el camino correcto.

El amor, la fe y el perdón trabajan en equipo

Gálatas 5:6 nos dice que la fe se expresa por medio del amor y recibe su energía también de él. Vemos este principio expresado también en Marcos 11:24–25:

> Les digo, ustedes pueden orar por cualquier cosa y si creen que la han recibido, será suya. Cuando estén orando, primero perdonen a todo aquel contra quien guarden rencor, para que su Padre que está en el cielo también les perdone a ustedes sus pecados.

¿Cuántas veces le pides a Dios que haga cosas por ti mientras sigues enojado con alguien que te ha herido u ofendido? Estos versículos dicen claramente que, cuando oramos, también debemos perdonar. Marcos 11:26

Cuando oras, primero debes perdonar.

continúa diciendo que, si no perdonamos a los demás, Dios no nos perdonará a nosotros.

Es importante que tomemos en serio este pasaje de la Escritura. Por los muchos años que llevo enseñando la Biblia, sé que muchos cristianos están enojados con alguien a quien se niegan a perdonar. Creen que su ira está justificada porque la persona que los hirió no merece el perdón, y después no entienden por qué Dios no responde sus oraciones.

La Palabra de Dios nos dice que amemos a nuestros enemigos, los ayudemos si están en necesidad, oremos por ellos, los bendigamos y no los maldigamos (Lucas 6:27–28, 35; Romanos 12:14). Ninguno de nosotros merece el perdón de Dios, pero Dios nos lo da y nosotros lo recibimos con alegría. Tratemos a los demás como Él nos trata a nosotros.

Debemos controlar la ira

Las personas que están enojadas no pueden caminar en amor. Están demasiado ocupadas enojándose por todo lo que les ocurre y no les gusta. Se enojan cuando no consiguen lo que quieren, y se aferran a su enojo sin pensar en los efectos negativos que tiene para sus vidas.

Creo que, hoy en día, en nuestra sociedad hay más personas enojadas que personas con paz. Yo puedo testificar personalmente que la ira es una emoción que te hará enfermar si permites que siga en tu vida. Causa estrés, y el estrés causa enfermedad.[22] La vida es demasiado corta como para vivirla enojado. ¿Por qué estar enojado con alguien que está disfrutando su vida y ni siquiera le importa que tú estés enojado?

> *La vida es demasiado corta como para vivirla enojado.*

Tal vez ahora mismo estés pensando en una situación que te hace estar enojado, y tienes ganas de decir: «Pero Joyce, ¡es que no entiendes lo que me pasó!». Todos debemos lidiar en ocasiones con situaciones que no nos gustan. La vida está llena de situaciones que no nos gustan, pero éstas no deberían controlarnos. El Espíritu Santo debería controlarnos mientras nosotros nos rendimos voluntariamente a su guía. Deja que Él te enseñe a controlarte, y no permitas que tus circunstancias determinen tus emociones o tu comportamiento. En las oraciones que Pablo escribe en sus epístolas no pide a Dios que elimine los problemas de los creyentes. Él ora para que puedan lidiar con lo que sea que se cruce en su camino con una buena actitud. Por ejemplo, en Colosenses 1:11 dice: «También pedimos que se fortalezcan con todo el glorioso poder de Dios para que tengan toda la constancia y la paciencia que necesitan. Mi deseo es que estén llenos de alegría».

Yo pasé años enojada por cosas en mi vida que no me gustaban y que quería que cambiaran. Finalmente comprendí que, aunque esas circunstancias desagradables cambiaran, no pasaría mucho tiempo antes de que ocurriera otra cosa que no me gustaría. Finalmente decidí que debía aprender a estar contenta independientemente de cuáles fueran mis circunstancias. Estaba dispuesta a cambiar si Dios me ayudaba, y esa decisión cambió mi vida. Una parte muy importante de la madurez espiritual es la habilidad de estar en medio de una circunstancia que no te gusta y confiar en que Dios se encargará de ella mientras tú sigues disfrutando tu vida y amando a los demás.

Cuando estaba colgado en la cruz, Jesús dijo: «Padre, perdónalos, porque no saben lo que hacen» (Lucas 23:34). Hay varias escuelas de pensamiento en cuanto a quién se refería Jesús. Yo creo que estaba hablando de quienes lo clavaron en la cruz y los que apoyaron su crucifixión, además de los ladrones que estaban colgados a su lado. También creo que estaba preocupado por el daño espiritual que se habían causado a sí mismos. Cuando las personas te hacen daño, se hacen más daño a sí mismas que a ti. Ora por ellos y pídele a Dios que los perdone igual que Jesús los perdonó.

El enojo tiene sus raíces en el egoísmo y el orgullo. Según Santiago 1:20, el enojo humano «no produce la rectitud que Dios desea». Y Proverbios 29:11 dice: «Los necios dan rienda suelta a su enojo, pero los sabios calladamente lo controlan». Además de esto, en Eclesiastés 7:9 leemos: «Controla tu carácter, porque el enojo es el distintivo de los necios».

La actitud del cristiano debería estar caracterizada por la mansedumbre, no la arrogancia y el enojo. Jesús es humilde, manso y modesto, y nosotros deberíamos cargar con su yugo y aprender a ser como Él (Mateo 11:28-30). Como hijos de Dios, deberíamos actuar con autocontrol.

Pablo nos enseña que, cuando estemos enojados, no debemos pecar (Efesios 4:26). El enojo es una respuesta natural ante la injusticia, y el perdón es una respuesta sobrenatural. Podemos perdonar porque Dios no da la gracia y la fuerza para hacerlo.

El enojo y el orgullo

A las personas egoístas y llenas de ira no les gusta no conseguir lo que quieren. No han desarrollado la habilidad de escuchar la palabra *no* y seguir estando felices, porque están llenos de orgullo. Suelen tener una opinión para todo y piensan que sus pensamientos y sus convicciones son infalibles. Son insistentes intentando que otras personas adopten sus ideas. Pierden la paciencia porque piensan que son extraordinarios y superiores a los demás. En resumen, las personas que piensan y actúan de esa forma son orgullosas. Si se deshacen de su orgullo, también se desharán de su temperamento irascible.

Alguien que tenía un carácter fuerte me dijo una vez que había aprendido que tener la razón está muy sobrevalorado. ¿Cuántas veces nos enojamos simplemente porque discutimos para tener la razón en una conversación o un desacuerdo? No vale la pena. ¿Por qué nos importa tanto quién tiene la razón? Dios lo sabe, y si necesitamos que se demuestre que nosotros tenemos la razón, Él puede encargarse.

Las personas orgullosas y enojadas pueden escoger su dolor.

Pueden tener el dolor de no cambiar nunca y permanecer igual el resto de su vida, o pueden escoger el dolor de cambiar. El dolor de no cambiar nunca dura toda la vida, pero el dolor del cambio dura poco y la recompensa es gozo y paz.

> *El dolor del cambio dura poco, pero el dolor de no cambiar nunca dura toda la vida.*

El orgullo culpa a los demás, porque tomar responsabilidad requeriría humildad. Debemos dejar de culpar a otros por nuestra ira o nunca seremos libres. El hecho de que alguien no nos esté tratando bien no nos libera de nuestra responsabilidad ante Dios de hacer lo correcto.

El amor es lo más importante y excelente del mundo. Te animo a que recibas el amor de Dios y después lo regales de todas las maneras que puedas. Mientras buscas caminar en amor, tu egoísmo se reducirá y tu gozo y poder aumentarán.

CAPÍTULO 18

¿Y qué hay de mí?

Entonces llamó a la multitud para que se uniera a los discípulos, y dijo: Si alguno de ustedes quiere ser mi seguidor, tiene que abandonar su propia manera de vivir, tomar su cruz y seguirme.

Marcos 8:34

Durante varios años, siempre que leía Marcos 8:34 mi primer pensamiento era: *Si hago lo que dice este versículo, ¿qué hay de mí? ¿Quién me cuidará a mí?* Sentía que, si obedecía esta enseñanza bíblica nunca conseguiría nada de lo que yo quería, y sencillamente no estaba dispuesta a vivir de ese modo.

Sin embargo, a medida que crecí en mi relación con Dios y me enamoré más y más de Jesús, finalmente quise obedecer este versículo. Aprendí que, si dejo de intentar cuidarme y lo rindo todo al Señor, Él me cuidará. El versículo siguiente es la promesa de Dios de cuidarnos si dejamos de intentar hacerlo todo nosotros preocupándonos por lo que nos ocurrirá.

> Pongan todas sus preocupaciones y ansiedades en las manos de Dios, porque él cuida de ustedes.
>
> 1 Pedro 5:7

A Dios se le da mucho mejor cuidarnos que a nosotros, y Él hará cosas especialmente buenas y sorprendentes por nosotros. También hay momentos en los que Él nos permite pasar por situaciones difíciles y el «¿qué hay de mí?» regresará de nuevo a nuestros pensamientos. Pero esos momentos de prueba son buenos para nosotros, y con el tiempo veremos que lo que pensábamos que era nuestro peor enemigo se convirtió en nuestro mejor amigo, simplemente porque los momentos difíciles en nuestra vida son los que nos acercan más a Dios y nos ayudan a crecer espiritualmente. El egoísmo no desaparece si no hay determinación, y debemos aprender que los caminos de Dios son mejores que los

Dios te cuida mejor de lo que tú podrías hacerlo.

nuestros; sin embargo, suelen hacer falta varias series de pruebas hasta que estamos listos para ceder.

Pablo experimentó muchas dificultades extremas, pero cada una de ellas lo acercó más al Señor y le enseñó a confiar en Dios por completo. Fíjate en sus palabras en 2 Corintios 4:8–10:

> Por todos lados nos presionan las dificultades, pero no nos aplastan. Estamos perplejos pero no caemos en la desesperación. Somos perseguidos pero nunca abandonados por Dios. Somos derribados, pero no destruidos. Mediante el sufrimiento, nuestro cuerpo sigue participando de la muerte de Jesús, para que la vida de Jesús también pueda verse en nuestro cuerpo.

Parece que Pablo y sus compañeros experimentaron todo tipo de dificultades, pero nunca se rindieron. Sabían que nunca estaban solos y que Jesús siempre estaba con ellos, independientemente de lo que sucediera. Estuvieron dispuestos a morir al yo para que el poder de la resurrección de Cristo brillara a través de ellos.

En 2 Corintios 1:8–9 tenemos otro ejemplo de dificultad extrema en la vida de Pablo:

> Amados hermanos, pensamos que tienen que estar al tanto de las dificultades que hemos atravesado en la provincia de Asia. Fuimos oprimidos y agobiados más allá de nuestra capacidad de aguantar y hasta pensamos que no saldríamos con vida. De hecho, esperábamos morir; pero, como resultado, dejamos de confiar en nosotros mismos y aprendimos a confiar solo en Dios, quien resucita a los muertos.

Estos pasajes y otros como ellos me han ayudado a superar muchos días difíciles. No quería depender de mí misma sino de Dios; sin embargo, al igual que Pablo, tenía que ser probada. Nunca sabremos con seguridad cual será nuestra respuesta, cómo nos comportaremos o incluso qué es lo que realmente creemos hasta que seamos probados. Inicialmente, esas pruebas tienden a sacar de nosotros un comportamiento feo y carnal, pero con el tiempo, a medida que el yo muere y es sustituido por el amor y la confianza en Dios, vemos que la naturaleza de Cristo se levanta en nosotros para hacer frente a estos retos.

> *Padre, te rindo todo a ti.*

¿Estás preparado para rendir tu actitud egoísta que piensa «¿y qué hay de mí?» y confiar en que Dios te cuidará? Si es así, haz esta oración: «Padre, te rindo todo a ti, y confío en que tú me cuidarás».

Jorge Müller dijo: «El inicio de la ansiedad es el final de la fe, y el inicio de la fe verdadera es el final de la ansiedad».[23]

Primera de Pedro 5:7 nos enseña a echar (a poner) todas nuestras preocupaciones en manos de Dios. Es una invitación a confiar a Dios nuestra vida y todo lo que nos preocupa. En respuesta a ello, lo veremos a Él hacer cosas asombrosas en nuestras vidas.

Cuando comencemos a confiar en Dios, aprenderemos a entrar en su descanso. Su descanso no es *descansar de trabajar*; no se refiere a dormir una siesta o a dormir bien por la noche. Su descanso sabático es un descanso en el que entramos *mientras trabajamos*. No es la ausencia de dificultades o problemas, sino estar en paz en medio de ellos sabiendo que Dios se encargará de ellos (y de nosotros) como y cuando Él quiera. Es refrescante saber que podemos tener un problema y al mismo tiempo disfrutar la vida porque confiamos en Dios.

> *Confía en Dios y aprende a entrar en su descanso.*

El diccionario Noah Webster de 1828 define la *confianza* como: «seguridad; el descanso de la mente en la integridad, veracidad, justicia, amistad u otro principio firme de otra persona».[24] La palabra *descanso* es la palabra griega *anapauó*, que significa «dar descanso, refrescar, darse descanso a uno mismo, tomar descanso; quedarse quieto, calmado y con una expectativa paciente».[25] Si entramos en el descanso de Dios, podemos ser renovados mientras trabajamos o esperamos a que Dios resuelva alguno de nuestros problemas. El trabajo físico puede cansarnos físicamente, pero la angustia mental y emocional produce un tipo de cansancio tortuoso que no podemos curar con descanso físico. Solo la paz interior, ser libres de la preocupación y la ansiedad y confiar en Dios pueden darnos el descanso sobrenatural que Dios quiere que tengamos.

Confiar en Dios es soltar una carga o un peso que llevamos. A menudo hablo con personas que me cuentan lo mucho que están confiando en Dios. En la misma conversación también mencionan cuán preocupados, temerosos y estresados están. Puede que estén *intentando* confiar en Dios, pero todavía no han llegado a hacerlo del todo. Creo que todos comenzamos así, y poco a poco desarrollamos una verdadera confianza en Dios.

Si quieres confiar en Dios pero sigues estando estresado y ansioso en lugar de entrar en su descanso, simplemente sé sincero con Él. Si intentas confiar en Él pero aún no consigues hacerlo del todo, díselo y pídele que te ayude. Intentar aparentar no tiene sentido con Dios porque Él siempre conoce la verdad que hay detrás de nuestras acciones.

Hay una historia en la Biblia sobre un hombre que quería que Jesús sanara a su hijo. Cuando Jesús le preguntó al hombre si creía que Él podía sanar al niño, fue sincero y dijo: «¡Creo! ¡Ayúdame en mi incredulidad!» (Marcos 9:24 RVC). Su hijo fue sanado. No siempre hay que tener una fe perfecta para que Dios

> La confianza se basa en lo que sabes sobre el carácter de alguien.

actúe en nuestras vidas; solo tenemos que ser sinceros con Dios.

La confianza se basa en lo que sabemos del carácter de la persona en quien confiamos. Estudia el carácter de Dios y descubrirás que Él es bueno, bondadoso, amoroso, generoso, justo, santo y fiel, y tiene muchas más cualidades maravillosas. También lo sabe todo, lo ve todo y está presente en todas partes. No podemos hacer cosas tras puertas cerradas y pensar que Dios no lo sabe.

La fe es un requisito

Vivir un estilo de vida de poner nuestras preocupaciones en manos de Dios y confiar en Él requiere fe. Mi definición de fe, basada en Hebreos 11:1, es que es la evidencia de cosas que no podemos ver y la prueba de que son reales. Es la seguridad y la creencia de que Dios te ama y te cuida, y por eso Él hará cosas maravillosas en tu vida mientras confías y esperas en Él.

Pedro quería caminar sobre el agua con Jesús, pero primero tuvo que salir de la barca (Mateo 14:22–23). Imagina cuán difícil tuvo que ser ese primer paso. Caminó sobre el agua hasta que perdió el enfoque que tenía puesto en Jesús y comenzó a fijarse en las olas que le rodeaban. En ese punto comenzó a hundirse, pero Jesús estiró el brazo y lo agarró para que no se ahogara. Del mismo modo, cuando nosotros comenzamos a caminar por fe puede que no lo hagamos todo perfecto, pero Jesús siempre estará ahí para ayudarnos en medio de nuestras debilidades y darnos la oportunidad de comenzar de nuevo. Por fortuna, la misericordia de Dios es nueva cada mañana (Lamentaciones 3:22–23)

Cuando dejé mi empleo para estudiar y prepararme para un ministerio de enseñanza que todavía no era una realidad lo hice

en fe, pero mis rodillas temblaban de
miedo. La fe no es la ausencia de temor;
a menudo es seguir avanzando cuando
tienes miedo. Yo seguí avanzando en la
dirección que sentía que Dios me guiaba,

> La fe es avanzar aunque tengas miedo.

y muchas veces tuve que «hacerlo con miedo», pero Dios me
demostró su fidelidad una y otra vez. Dave y yo nunca dejamos
ninguna factura sin pagar, y cuando necesitábamos cosas que
no teníamos el dinero para comprar, aprendimos a confiar en
que Dios nos las daría. Sus métodos de provisión eran a menudo
únicos y variados, pero también maravillosos.

La fe requiere esperar sin evidencia de que Dios esté haciendo
algo. Esta es la prueba de fe por la que
todos debemos pasar. Cuando no tenemos experiencia en vivir de ese modo
nos ponemos nerviosos, pero cada vez
que experimentamos la fidelidad de Dios
es más fácil confiar en Él la próxima vez.

> La fe significa esperar sin evidencia de que Dios esté haciendo algo.

Cuando pienso en todo el tiempo que perdí preocupándome y
temiendo, desearía haber sabido entonces lo que sé ahora. Sin
embargo, la única manera de obtener esa experiencia es pasar
por las pruebas y aprender a superarlas. Poder confiar en Dios
completamente es lo más maravilloso que se me ocurre. Es la
única manera en la que podemos permanecer gozosos y satisfechos en todas las temporadas de la vida.

Dios promete en su Palabra que cuidará de nosotros. Estas
promesas son tan numerosas que no podría citarlas todas, pero
aquí tienes algunas que te animarán:

> Disfruta de la presencia del Señor, y él te dará lo que
> de corazón le pidas.
>
> Salmos 37:4 RVC

El Señor es mi pastor; nada me falta.

Salmos 23:1 RVC

Busquen el reino de Dios por encima de todo lo demás y lleven una vida justa, y él les dará todo lo que necesiten.

Mateo 6:33

Así que mi Dios suplirá todo lo que les falte, conforme a sus riquezas en gloria en Cristo Jesús.

Filipenses 4:19 RVC

El que no escatimó ni a su propio Hijo, sino que lo entregó por todos nosotros, ¿cómo no habrá de darnos generosamente, junto con él, todas las cosas?

Romanos 8:32 NVI

Yo no habría sobrevivido a las pruebas si no me hubiera aferrado a estas escrituras y muchas otras como ellas una y otra vez, dejando que calmaran mi alma angustiada.

«Así que la fe proviene del oír, y el oír proviene de la palabra de Dios» (Romanos 10:17 RVC). Cuanto más estudias la Palabra de Dios y actúas basado en ella, más crecerá tu fe. Declara la Palabra con tu propia boca y escucha a otros que la enseñen. Cuando la escuches, tu fe se fortalecerá. Tienes que utilizar la poca fe que tengas para crecer y seguir creciendo hasta que tengas una gran fe. Jesús dijo que aún la fe del tamaño de un grano de mostaza (que es una de las semillas más pequeñas de la tierra) puede mover montañas (Mateo 17:20). Puedes hacer grandes cosas por medio de Cristo, pero tienes que morir al yo y poner toda tu fe en el Señor.

¿Qué pasa si no consigo lo que quiero?

El temor a no conseguir lo que queremos es la raíz de nuestra reticencia a confiar plenamente en Dios; sin embargo, si confiamos a Dios nuestras vidas y no conseguimos lo que queremos, deberíamos seguir confiando en que Él nos ama y quiere lo mejor para nosotros. También debemos confiar en que, si no conseguimos lo que esperamos, Él tiene en mente algo mejor para nosotros.

Puede que te resulte difícil estar de acuerdo con esto, pero a veces es mejor para nosotros no conseguir lo que queremos y aprender a estar contentos igualmente. El hecho de que no consigas lo que quieres cuando quieres no significa que no lo tendrás nunca. Podría ser bueno para ti en algún momento…pero no ahora. Si tienes hijos, imagino que en algún punto les habrás dicho: «No es bueno que siempre te salgas con la tuya y consigas todo lo que quieres». Queremos que nuestros hijos puedan escuchar la palabra *no* y aun así confiar en nosotros, y Dios quiere que hagamos lo mismo.

> Aprende a estar contento aunque no consigas lo que quieres.

Como crecí en un hogar abusivo rodeada de personas egoístas que realmente nunca cuidaron de mí, cuando fui adulta me costó mucho aprender a confiar en las personas y confiar en Dios. Siempre tuve que cuidar de mí misma, y antes de aprender a confiar herí muchas veces los sentimientos de Dave por mi falta de confianza en él. La realidad es que simplemente no estaba convencida de que ni él ni nadie tomaría una decisión por mí que no fuera egoísta por su parte. Sabía que Dave me amaba, pero mis padres me habían dicho que me amaban y después no me cuidaron bien. Por lo tanto, las palabras *te quiero* no tenían mucho significado para mí. Me tomó años en poder llegar a confiar en

Dave dejándole tomar decisiones por mí y saber que realmente sí quería lo mejor para mí. Vi su amor a través de su sacrificio. Él sacrificó sus deseos y me permitió entrar a tiempo completo en el ministerio. No solo me permitió seguir ese camino, sino que me ha seguido y ha estado a mi lado en cada paso. Dios me bendijo con el mejor esposo del mundo, y viéndolo a él es como aprendí lo que es el amor. Las palabras están bien, pero los actos de amor son lo que nos hace sentir realmente amados.

Confiar en Dios no garantiza que obtendremos lo que queremos, pero sí garantiza que obtendremos lo que es mejor para nosotros en el momento preciso. ¿Puedes confiar en que la voluntad de Dios es mejor que la tuya? Aprende a *relajarte* y a dejar que Dios sea Dios en tu vida. Dale una oportunidad y Él te demostrará su fidelidad.

Confiar en Dios significa vivir por fe, y es una decisión diaria. El pueblo de Israel tuvo que confiar en que Dios proveería el maná cada día (Éxodo 16:4, 21). Ashleigh Brilliant dijo: «Intento vivir un día cada vez, pero a veces varios días me atacan a la vez».[26] Sé lo que se siente, y seguro que tú también. Confiar en uno mismo no tiene sentido porque normalmente pensamos mejor de nosotros mismos de lo que deberíamos (Romanos 12:3). Cuando a la gente se le dice que haga un trabajo, no me gusta escucharlos decir: «Eso es pan comido», refiriéndose a que será fácil. Lo que están diciendo es básicamente: «*Yo* puedo hacer eso sin problema». Sin embargo, si no dependen de Dios, lo más probable es que tengan problemas.

A Dios le honra cuando dependemos de Él en las cosas pequeñas y también en las grandes. «Ayúdame, Señor» es una oración que deberíamos hacer a menudo durante el día. Aunque es sencilla, es una de las oraciones más poderosas que podemos hacer.

> *Confía en que la voluntad de Dios es mejor que la tuya.*

CAPÍTULO 19

El poder de la resurrección

Miren, les he dado autoridad sobre todos los poderes del enemigo; pueden caminar entre serpientes y escorpiones y aplastarlos. Nada les hará daño.

Lucas 10:19

Dios quiere que seamos espiritualmente poderosos, no débiles. Él nos ha dado poder y autoridad según Lucas 10:19, pero podemos hacer cosas que debiliten o bloqueen ese poder. Pablo ora en Efesios 3:16 para que el Espíritu Santo nos fortalezca desde el interior. Los músculos y la fuerza física son ciertamente beneficiosos y saludables, pero el poder espiritual es lo que nos permite caminar en esta vida como Jesús quiere que lo hagamos.

Vivir una vida de sacrificio y amor no es simplemente algo que decidimos hacer; necesitamos la fuerza y el poder de Dios que nos capacitan.

Consideremos esta parte de la oración de Pablo en Filipenses 3:10:

> Quiero conocer a Cristo y experimentar el gran poder que lo levantó de los muertos. ¡Quiero sufrir con él y participar de su muerte!

Yo quiero estar por encima de las cosas que el diablo diseña para hacernos sentir miserables en esta vida. También quiero conocer el poder de la resurrección de Cristo; ¿tú no? Cuando lo conocemos, podemos volar por encima de cualquier situación incómoda o injusta que ocurra a nuestro alrededor y seguir disfrutando de Dios y de la vida mientras esperamos que Él nos libere o nos defienda.

Creo que es justo decir que muchas de las cosas que ocurren en la vida diaria en este mundo están llenas de oscuridad y muerte (todo tipo de miserias), y producen tristeza e insatisfacción; sin embargo, en Cristo podemos vivir en un estado que nos eleva por encima de todas las influencias de esa miseria aunque sigamos en medio de ella. En términos más sencillos, esto significa que podemos vivir poderosamente en este mundo y tener paz y gozo independientemente de lo que ocurra a nuestro alrededor. Para disfrutar de una vida así debemos vivir

> *Puedes tener paz y gozo independientemente de lo que esté ocurriendo a tu alrededor.*

cerca de Dios y permanecer en comunión continua con Él. *Continua* no significa cada segundo de cada día, ya que eso sería imposible, pero sí significa de manera regular a lo largo de cada día. En nuestras fuerzas, sin Jesús somos débiles, pero con Él somos poderosos.

Segunda de Corintios 13:4 dice: «Aunque fue crucificado en debilidad, ahora vive por el poder de Dios. Nosotros también somos débiles, al igual que Cristo lo fue, pero cuando tratemos con ustedes, estaremos vivos con él y tendremos el poder de Dios». Y Romanos 8:11 dice que, si el mismo Espíritu que levantó a Cristo de los muertos vive en nosotros, éste le dará vida a nuestros cuerpos mortales. En la versión Reina-Valera 1960 el término *dará vida* es *vivificará*, que significa «hacer que cobre vida».[27] También significa «dar o restaurar vigor o actividad a; avivar o estimular».[28]

Como creyentes somos hijos de Dios, por lo que su Espíritu habita en nosotros (1 Corintios 3:16). Para mí esto significa que un flujo constante del poder de la resurrección fluye siempre en mi interior si lo creo y lo recibo. Esta es una de las razones por las que es tan importante mantenerse conectado a Dios. Piénsalo así: si una lámpara está enchufada y yo la desenchufo, perderá la corriente de inmediato, pero la corriente se puede restablecer con la misma rapidez si la vuelvo a enchufar. Mantente enchufado a Dios, y si te desenchufas, vuelve a conectarte.

Pozos atascados

El último día del festival, el más importante, Jesús se puso de pie y gritó a la multitud: «¡Todo el que tenga sed puede venir a mí! ¡Todo el que crea en mí puede venir y beber! Pues las Escrituras declaran: "De su corazón, brotarán ríos de agua viva"».

Juan 7:37–38

En este pasaje de la Escritura podemos ver que Jesús quiere un flujo continuo de poder que brote de nuestro interior. Este poder nos mantendrá contentos y tendrá un efecto positivo en las personas que nos rodean; sin embargo, un atasco impedirá el flujo.

¿Alguna vez tuviste una tubería por la que solo salía un hilo de agua? Durante un tiempo lo aguantas, pero después llamas a un plomero que utiliza maquinaria para mirar dentro de la tubería y encontrar el problema. Normalmente, encuentra algo que está bloqueando el flujo. A menudo, alguien echó algo que no debía por el sumidero, y en lugar de viajar por la tubería hasta la red de alcantarillado, se atascó y ahora hay que eliminarlo.

En el Antiguo Testamento, uno de los métodos que los filisteos empleaban para luchar contra los israelitas era atascar sus pozos de agua. Los llenaban de tierra y piedras para que nadie pudiera sacar agua de ellos. Si usamos esto como ejemplo de cómo el diablo pelea contra nosotros, podríamos decir que él intenta atascar nuestros pozos (nuestro espíritu) con tierra (el mundo) y piedras de varios tipos. Podrían ser piedras de ofensa, de falta de perdón, pecado, egoísmo, desobediencia, envidia, celos, orgullo, experiencias negativas o cosas indeseables. Igual que Isaac desatascó los pozos que Abraham había cavado y los filisteos habían atascado (Génesis 26:18), Jesús vino para desatascar nuestros pozos para que el agua viva pueda fluir de nuestro interior otra vez.

Si permanecemos fuertes espiritualmente, mantenemos las influencias negativas del mundo fuera de nuestras vidas; sin embargo, las personas espiritualmente débiles ceden ante la presión de grupo. Hacen concesiones e intentan servir a Dios pero no se entregan del todo a Él. Su poder está diluido; su pozo (espíritu) está atascado. Jesús se refiere a ellos como «tibios» en Apocalipsis 3:16.

Ser egoísta y egocéntrico atascará tu pozo, eso es seguro, pero a través del arrepentimiento y un deseo de cambiar, el poder del amor puede fluir de nuevo y muchas personas pueden llegar a tener fe en Cristo a través del agua viva que fluye de tu interior.

> *El amor es la fuerza más poderosa del mundo.*

El egoísmo nos hace débiles, pero el amor es la fuerza más poderosa del mundo.

Ayudar a otros te ayuda a lidiar con tus problemas

Fíjate en esta historia extraordinaria de Donna y su matrimonio. Su historia es la prueba de que olvidarte de ti mismo y ayudar a otros es la mejor manera de superar tus propios problemas.

Estaba casada y tenía una buena relación con Dios. Cuando llevábamos diecisiete años casados, mi esposo tuvo una aventura amorosa. Eso me destruyó, y no podía dejar de pensar en ello. Durante semanas, los problemas en mi matrimonio eran lo único en lo que podía pensar, y oré a Dios diciendo: «No puedo pasar por eso todos los días». No sabía qué hacer, me estaba deprimiendo y tenía que hacer algo para superar el dolor.

Dios me guio a hacer voluntariado en un centro de día. La primera vez que entré, lo primero que pensé era que no podría aguantar ese olor, pero entonces miré a las personas. Eran personas con discapacidad que no podían cuidar de sí mismas. Recuerdo a un hombre con diabetes que había perdido la vista y una pierna por la enfermedad. Yo me sentaba con él solamente para conversar y hacerlo sonreír. Había un hombre joven de veintisiete años que había recibido un disparo en la cabeza y había perdido su habilidad para caminar. A él le encantaba hacerme reír, así que también pasaba tiempo con él.

Los problemas de esas personas eran más grandes que los míos. Estaban viviendo en casa de familiares, y no tenían ningún lugar donde ir cada día que no fuera el centro de día. Tuve la oportunidad de entretenerlos con juegos, arreglarles las uñas, escucharlos, conversar con ellos, y cualquier otra cosas que les hiciera sentirse humanos.

Hacer voluntariado en el centro de día me impidió dar vueltas en mi cabeza a los pensamientos negativos acerca de mi matrimonio. Por eso pude lidiar con mis problemas. Con el tiempo, mi matrimonio sanó. Me di cuenta de que había puesto a mi esposo en un pedestal más alto que Dios. La batalla que atravesé me ayudó a poner las cosas en perspectiva otra vez. Esto ocurrió hace veintidós años atrás, y ahora llevamos casados casi cuarenta años. No podría haber lidiado con mis problemas matrimoniales si solo me hubiera enfocado en mí misma y en mi dolor.

Actualmente, mi esposo y yo patrocinamos la construcción de pozos de agua en lugares asolados por la pobreza que necesitan agua limpia. Saber que estamos haciendo algo en el mundo para suplir una necesidad que Dios quiere que suplamos nos ha dado un gran propósito. Sacar nuestra mente de nosotros mismos nos ayuda tanto a nosotros como a las personas que se benefician de lo que podemos hacer por ellas.

Desobediencia

Me alegro mucho de que Donna obedeciera la guía del Espíritu Santo. Él tiene bendiciones para nosotros dondequiera que nos dirija. No lo obedecemos solo para recibir bendiciones; lo obedecemos porque lo amamos y queremos agradarlo, pero acabamos siendo bendecidos porque Dios es bueno.

Cualquier tipo de desobediencia es como una piedra que el diablo echa en tu pozo (espíritu), y el río de vida no fluirá hasta que esa desobediencia sea quitada. Isaías habló palabra de Dios a los israelitas: «¡Ah, si solo hubieras hecho caso a mis mandatos! Entonces habrías tenido una paz que correría como un río manso y una justicia que pasaría sobre ti como las olas del mar» (Isaías 48:18).

La obediencia a Dios trae ríos de paz y olas de justicia. Cuando somos obedientes, Dios derrota a nuestros enemigos por nosotros. Dios dice en Éxodo 23:22: «Pero si te aseguras de obedecerlo y sigues todas mis instrucciones, entonces yo seré enemigo de tus enemigos y me opondré a todos los que se te opongan».

Quiero que Dios sea enemigo de mis enemigos, ¿y tú? Deberíamos estar alerta y orar para que reconozcamos las tácticas del diablo y podamos resistirlo antes de que atasque nuestro poder. Debido a la gracia y el perdón de Dios podemos desatascar nuestros pozos a través de un arrepentimiento sincero. Después de cuarenta y seis años de enseñar la Palabra de Dios, sé cuán importante es para mí no solo estar llena del poder de Dios sino también asegurarme de vivir mi vida de tal manera que el poder de Dios pueda fluir a través de mí para romper las ataduras de las vidas de los demás y sanar sus heridas.

Si quieres que el poder del Espíritu Santo siga fluyendo como un río de agua viva en tu vida, tienes que estar vigilante y decidido a obedecer a Dios. Esto requiere más de un sacrificio; requiere una vida entera de sacrificios, porque no podemos hacer simplemente lo que queremos, pensamos o sentimos. Debemos dejar atrás el vivir solo por nuestros propios intereses y hacer la voluntad de Dios, sabiendo que sus caminos son mejores que los nuestros.

Si has nacido de nuevo, tienes el poder del Espíritu Santo en tu interior, pero hay muchísimos cristianos que no saben nada del poder que nos pertenece. Yo estuve muchos años en una iglesia y nunca escuché que tenía el poder del Espíritu Santo en mi interior. Me dijeron que resistiera al pecado, pero intenté hacerlo en mis propias fuerzas en lugar

> *Si has nacido de nuevo, tienes el poder del Espíritu Santo en tu interior.*

de depender del poder de Dios en mí. No podemos usar algo que no sabemos que tenemos. Según Efesios 1:3 tenemos «toda clase de bendiciones espirituales en los lugares celestiales». El contexto ampliado del versículo dice que estas bendiciones son dadas por el Espíritu Santo, pero no nos sirven de nada si no somos conscientes de que las tenemos. Hechos 1:8 nos informa más en profundidad sobre el poder que Dios nos ha dado:

> Pero recibirán poder cuando el Espíritu Santo descienda sobre ustedes; y serán mis testigos, y le

hablarán a la gente acerca de mí en todas partes: en Jerusalén, por toda Judea, en Samaria y hasta los lugares más lejanos de la tierra.

Si todavía no le has pedido a Dios que te llene con el Espíritu Santo, hazlo. Después comienza a creer que su poder está en ti y por eso puedes hacer cosas que normalmente no podrías hacer. Cuando recibes a Cristo como tu Salvador y naces de nuevo recibes el Espíritu Santo, pero ser lleno del Espíritu Santo requiere hacer espacio para Él en todas las áreas de tu vida. Cuando lo hagas, podrás hacer cosas que nunca podrías hacer por ti mismo:

- Podrás atravesar situaciones difíciles y seguir produciendo el fruto del Espíritu, confiar en Dios y amar a la gente.
- Podrás resistir toda clase de tentación porque Dios nunca permitirá que seas tentado más allá de lo que puedas soportar (1 Corintios 10:13).
- Podrás vivir una vida de rendición y estar satisfecho y gozoso.
- Podrás vivir completamente libre de la falta de perdón y la ofensa porque, cuando la gente te hace daño, te preocupas más por el daño que se están haciendo a sí mismos que lo que te están haciendo a ti. Cuando Jesús estaba siendo crucificado, dijo: «Padre, perdónalos, porque no saben lo que hacen» (Lucas 23:34).
- Podrás vivir de manera desprendida y sacrificial, y no pensar: *¿y qué hay de mí?*
- Podrás entrar en el descanso de Dios y disfrutar la vida aunque tus circunstancias sean difíciles.

Vivir con el poder de Dios es maravilloso. Es como alguien que ha vivido en la oscuridad toda su vida que, de repente, descubre que tiene electricidad en su casa y prende la luz. El poder de Dios ha estado disponible para ti todo el tiempo, pero si nunca lo has recibido, este es el momento de comenzar a hacerlo.

Poder, amor y dominio propio

Segunda de Timoteo 1:7 dice: «Porque no nos ha dado Dios un espíritu de cobardía, sino de poder, de amor y de dominio propio» (RVC). Esta es una escritura maravillosa que nos da una esperanza tremenda. El temor es nuestro archienemigo. Satanás intenta usar el temor lo más frecuentemente posible para evitar que hagamos lo que Dios quiere que hagamos, pero nosotros no tenemos un espíritu de temor, sino de poder. Algunas traducciones de la Biblia dicen «autodisciplina» (NTV) y «buen juicio» (PDT) en lugar de «dominio propio». De igual manera, tenemos:

- Poder contra el enemigo
- Amor para con los demás
- Dominio propio para con nosotros mismos

¿Qué piensas de ti mismo?

La mayoría de las personas tienen pensamientos negativos sobre sí mismas y creen que estaría mal creer algo bueno sobre sí mismas. Algunos creen que no hay nada positivo que creer sobre sí mismos, y otros creen que tener pensamientos positivos sobre sí mismos sería orgullo e iría en contra de Romanos 12:3 que nos enseña a no creernos mejores de lo que realmente somos.

Pero la Escritura también nos anima a reconocer todo lo bueno que hay en nosotros:

...y pido que la participación de tu fe sea eficaz en el conocimiento de todo el bien que está en ustedes por Cristo Jesús.

Filemón 6 RVC

La bondad que hay en nosotros no es nuestra; es lo que Jesús ha depositado en nosotros. Fluye de su presencia en nosotros. En lugar de negarla o adoptar una falsa humildad, deberíamos entender qué y quién nos hizo Dios en Jesús y comenzar a vivir de acuerdo a ello. Nunca te convertirás en algo que no crees que eres. Permíteme preguntarte:

- ¿Crees que puedes hacer cualquier cosa en Cristo que te fortalece? (Filipenses 4:13)
- ¿Crees que Dios escucha y responde a tus oraciones? (Marcos 11:24)
- ¿Crees que Dios te ama incondicionalmente y tiene un plan para tu vida? (Jeremías 29:11; 1 Juan 4:16)
- ¿Crees que eres cabeza y no cola, que estás por encima y no por debajo? (Deuteronomio 28:13; Efesios 1:18–23)
- ¿Crees que Dios ha perdonado y olvidado tus pecados? (Isaías 43:25; Efesios 1:7)
- ¿Tienes la seguridad necesaria para salir y hacer cosas nuevas sin temor al fracaso? (Isaías 41:10)

La Biblia está llena de verdades sobre lo bueno de ti y las bendiciones que Dios tiene para ti, pero para poder acceder a ellas debes creerlas. El diablo te mentirá e intentará engañarte para impedir que creas y recibas cosas buenas, pero debes decidir si crees más en la Palabra de Dios que en las mentiras del enemigo. Cuando decidas creen en la Palabra de Dios sin tener en cuenta cómo te sientes, lo que quieres, lo que piensas o las circunstancias que te rodean, estarás de camino a una vida maravillosa de éxito y poder.

La vida no siempre será fácil. De hecho, Jesús promete que enfrentaremos dificultades, pero también dice que podemos alegrarnos porque Él ha vencido al mundo (Juan 16:33). Creer que nunca enfrentarás dificultades o problemas es inútil, pero puedes decidir creer que es posible vivir por encima de ellos y que Dios siempre cuidará de ti pase lo que pase.

El poder te pertenece

El poder de Dios te pertenece, y debes verte a ti mismo como poderoso, capaz, competente y calificado. Lo que creas de ti mismo determinará cuán lejos llegarás. Eres fuerte en el Señor y en el poder de su fuerza (Efesios 6:10 RVC). ¿Qué tipo de vida quieres tener? Si quieres una buena vida, debes comenzar creyendo lo que Dios dice de ti. Puede que no te sientas poderoso, pero lo eres. Si comienzas a creer que eres poderoso, tus sentimientos se pondrán a la altura de tus creencias. Di en voz alta varias veces al día: «El poder de Dios está en mí. Soy fuerte en el Señor, y en Cristo puedo hacer cualquier cosa que tenga que hacer en la vida».

> *Debes verte a ti mismo como poderoso, porque el poder de Dios te pertenece.*

CAPÍTULO 20

¡Esto duele!

La siguiente declaración es digna de confianza: Si morimos con él, también viviremos con él.

2 Timoteo 2:11

Cualquier adolescente te dirá que crecer duele. El proceso de madurar requiere tomar responsabilidad de cosas de las que antes se habían ocupado tus padres, como por ejemplo conseguir un empleo para ganar dinero o lidiar con las consecuencias de las decisiones. Los adolescentes quieren tomar sus propias decisiones, y los padres deberían permitirles hacerlo, pero los padres también deberían dejar que sus hijos adolescentes lidien con las consecuencias de las malas decisiones que tomen. Esta es la única manera en la que aprenderán a pensar bien antes de actuar. Todos queremos que nos rescaten; incluso queremos que Dios nos rescate; sin embargo, ser rescatados no siempre es lo mejor en el largo plazo. Si yo limpiara todo lo que alguno de mis hijos ensuciaba cuando era pequeño, él nunca habría dejado de ensuciar. Pero después de limpiar algunos de sus propios desórdenes aprendió a pensar dos veces antes de hacerlo de nuevo.

De igual modo, crecer espiritualmente también duele. Comenzamos nuestra vida con Dios como cristianos bebés, y Dios nos permite permanecer así por un periodo de tiempo. Yo llamo a esta fase de nuestra relación con Dios la época de la luna de miel. Nos sentimos amados, nuestras oraciones parecen ser respondidas rápidamente, Dios provee milagrosamente, puede que hayamos sido liberados instantáneamente de algún tipo de atadura, estamos felices y en paz, y todo parece maravilloso. Por supuesto que nos encantaría que eso continuara, pero con el tiempo se acaba y normalmente no entendemos por qué. Tal vez pensemos que hemos hecho algo mal, pero el cambio significa simplemente que es hora de comenzar nuestras clases de madurez espiritual.

En este punto comenzamos a aprender que ya no podemos

vivir sobre la base de lo que queremos, pensamos y sentimos. Es el momento de comenzar a rendirnos a Dios; sin embargo, si somos egoístas o tercos, este será un proceso largo, y cuanto más largo sea más dolerá. Lo creas o no, rendirse a Dios es mucho más fácil que aferrarse a aquello que Él quiere que soltemos.

Yo creo que cooperar con lo que Dios está haciendo en nuestras vidas es mucho más fácil si lo entendemos, y esa es una de las razones por las que escribí este libro. Creo que muchos maestros de la Biblia y predicadores descuidan este tema, pero es muy importante. ¿Por qué lo descuidan? Tal vez los maestros no llegan a entenderlo, o a lo mejor no lo enseñan porque no es un tema que emocione a la audiencia, a pesar de que los ayudará inmensamente en su caminar con Dios.

En Hechos 20:1 leemos que Pablo mandó llamar a los discípulos «y los alentó». En Hechos 20:20 leemos que no dudó en decirles cualquier cosa que fuera por su bien. Y, en Hechos 20:27, escribe que él no se había negado «a anunciarles el plan de Dios» (RVC).

Es peligroso predicar y enseñar solamente sobre los aspectos del evangelio que hacen que la gente se sienta bien, como el amor y la misericordia de Dios, su perdón, su paciencia, su bondad y su provisión. También debemos enseñar acerca de su corrección y sus reprimendas así como de la necesidad de crecimiento espiritual y santidad. Aprecia a tus pastores y maestros cuando sean lo suficientemente valientes como para enseñarte las partes del evangelio que son para corregirte o advertirte tanto como aprecias que te enseñen las partes que te animan.

La muerte produce vida

Cuando muramos físicamente y vayamos al cielo, entraremos a una vida que es mucho más maravillosa de lo que podamos

> *Morir al yo significa morir a nuestro camino y aceptar el camino de Dios.*

imaginar. Morir al yo es muy parecido. Si hemos muerto con Cristo, viviremos con Él (2 Timoteo 2:11). Morir al yo significa morir a nuestro camino y aceptar el camino de Dios. Significa morir a lo que queremos si lo que queremos no es parte de la voluntad de Dios para nosotros.

Debemos considerar que nuestra carne está muerta al pecado si queremos vivir para Cristo. Según la Escritura, morimos con Jesús cuando Él murió, y resucitamos a una vida nueva cuando Él se levantó (2 Timoteo 2:11), pero debemos ver eso como una verdad y creerla. Morimos al deseo a pecar y ya no queremos pecar. ¡Estamos muertos al pecado! Esa muerte produce vida; la mejor vida que hayamos podido conocer; sin embargo hay un problema. Aunque nuestra nueva naturaleza ha muerto al pecado, nuestra carne sigue muy viva y lucha contra nuestro nuevo deseo de no pecar. Como dijo Jesús: «Velen y oren para que no cedan ante la tentación, porque el espíritu está dispuesto, pero el cuerpo es débil» (Mateo 26:41).

Nunca pensé que el egoísmo era un pecado hasta que Dios me mostró que lo era. Yo vivía una vida mediocre, pero era la única clase de vida que había conocido y no me daba cuenta de que estaba muy por debajo de lo que Dios quería para mí. Solo pude comenzar a vivir una vida mejor cuando comencé a cambiar, a interesarme de verdad por los demás y a desear la voluntad de Dios más que la mía. Estaba sacrificando cosas externas, pero tenía más gozo en mi espíritu que nunca. Sin darme cuenta, había estado aferrándome a lo que me hacía infeliz. Pensaba que el camino a la felicidad, la satisfacción y la paz era conseguir todo lo que quería a mi manera. ¡Estaba equivocada!

Aprendí a ver el dolor que sentía cuando soltaba cosas que ya no me convenían como algo positivo. Dolía soltarlas, pero también sabía que significaba que me estaba acercando a Dios y a su voluntad para mí. Sabía que el dolor que sentía en mi alma en realidad estaba produciendo vida en mi interior.

Morir a lo que yo quería fue muy difícil y doloroso al principio, pero el resultado final fue que había sido un «dolor bueno». Llegué a disfrutar el dolor porque sabía que me llevaba a un lugar mejor.

He estado ejercitándome con una entrenadora por muchos años, así que normalmente no tengo dolor muscular; sin embargo, hace poco hice ejercicio sola, hice algo nuevo y tuve dolor varios días. Aunque dolía, estaba un poco emocionada porque sabía que significaba que utilicé un músculo que no había usado antes y el dolor significaba ganancia en ese sentido.

El «yo» es parte de la vida. Tendremos que lidiar con él hasta que ya no estemos en esta tierra. Yo oro todos los días para que Dios me ayude a no ser egoísta, porque sin su ayuda sigo inclinándome en esa dirección. No se trata de una oración que se hace una vez solamente, sino todos los días. La madurez espiritual es un proceso que dura hasta que dejamos esta tierra, así que acostúmbrate a ella y recuerda que, cuando duele, algo está mejorando.

Ocúpate en tu salvación

Nunca podremos ganarnos nuestra salvación porque es un regalo de la gracia de Dios y la recibimos por fe. Fíjate en Efesios 2:8–9:

> Dios los salvó por su gracia cuando creyeron. Ustedes no tienen ningún mérito en eso; es un regalo de Dios. La salvación no es un premio por las cosas buenas que hayamos hecho, así que ninguno de nosotros puede jactarse de ser salvo.

Este pasaje deja claro que no podemos ganarnos nuestra salvación. Pero el siguiente que te mostraré dice que debemos «ocuparnos» en nuestra salvación. No dice «preocuparse», sino «ocuparse», y entender la diferencia es muy importante:

> Por tanto, amados míos, ya que siempre han obedecido, no sólo en mi presencia, sino mucho más ahora en mi ausencia, ocúpense en su salvación con temor y temblor, porque Dios es el que produce en ustedes lo mismo el querer como el hacer, por su buena voluntad.
>
> Filipenses 2:12–13 RVC

Debemos ocuparnos exteriormente en lo que Dios se ha ocupado interiormente con la ayuda del Espíritu Santo (no en nuestras propias fuerzas) por medio de su gracia. Cuando nacemos de nuevo, Dios nos hace santos en nuestro espíritu y viene a vivir en nosotros, pero debemos ocuparnos en interiorizar todas las bendiciones maravillosas que Él nos da en nuestra alma (mente, voluntad y emociones) para que la gente pueda verlas en nuestro modo de vivir día a día. La meta es que las personas vean a Jesús brillando a través de nosotros y también quieran recibirlo. La gente busca amor, y por eso ser egoístas es tan peligroso para el crecimiento del reino de Dios. Si somos egoístas, no andaremos en amor. No pensaremos en los demás porque estaremos demasiado ocupados con nuestros pensamientos, preocupaciones y problemas. Preguntamos: «¿Qué pasará conmigo? ¿Qué ganaré yo? ¿Qué hay de mí? ¿Quién hará algo por mí?», Pensamos cosas como: «Yo quiero ser primero» y «Debo mirar por mí».

> Debes ocuparte exteriormente en lo que Dios se ha ocupado interiormente.

Como dice Filipenses 2:12–13, deberíamos trabajar con el Espíritu Santo llenos de entusiasmo para ocuparnos en nuestra salvación «con temor y temblor». Esto significa que deberíamos tener una conciencia tierna delante de Dios, guardarnos de la tentación y alejarnos de cualquier cosa que pueda ofender a Dios o desacreditar el nombre de Jesús.

Me he dado cuenta de que muy a menudo ni siquiera reconocemos cuándo estamos siendo egoístas por el simple hecho de que el egoísmo ha sido una parte importante de nuestra vida. Cuando todavía estamos en pañales lloramos si no conseguimos lo que queremos, y no dejamos de enojarnos cuando no conseguimos lo que queremos hasta que trabajamos junto con Dios para sobreponernos al egoísmo. Debemos orar para que Dios nos revele lo que estamos haciendo en cualquier momento en el que estemos siendo egoístas. Sé que yo no quiero ser egoísta, pero no estoy segura de reconocer siempre el egoísmo. La autopreservación es un rasgo arraigado en todos nosotros, y no podemos soltar el asegurarnos de ser cuidados y confiárselo a Dios sin mucha oración y sensibilidad al Espíritu Santo.

La salvación del alma

Nuestra voluntad debe estar rendida y sometida a Dios, lo cual significa que dejamos de intentar controlar nuestras circunstancias y a las personas que nos rodean. Por supuesto que hay cosas en la vida que debemos controlar, pero la mayoría de ellas tienen que ver con el dominio propio. Si el Espíritu Santo está en control, estaremos llenos de vida. Pero si nosotros estamos en control, aunque seamos salvos seguiremos siendo carnales. Pablo escribe:

> Lo hizo para que se cumpliera totalmente la exigencia
> justa de la ley a favor de nosotros, que ya no seguimos

a nuestra naturaleza pecaminosa sino que seguimos
al Espíritu.

Romanos 8:4

Permíteme preguntarte: ¿Qué áreas de tu vida has sometido
al Espíritu Santo?

- El uso de tu tiempo, incluido tu tiempo de ocio
- El entretenimiento que consientes y del que participas
- Las formas en las que gastas tu dinero
- Tus pensamientos: ¿los controla el Espíritu Santo?
- Tu boca y las palabras que dices
- Tus actitudes
- Lo que lees y ves
- Cómo tratas a los demás

Puede que te preguntes: «¿Cómo puedo saber cuál es la guía
del Espíritu Santo en esas áreas?». Si la Palabra de Dios no habla
sobre el área al que te refieres, si estás haciendo algo que no
agrada a Dios sentirás una sensación de incomodidad en tu interior. Perderás la paz. Eso es el Espíritu Santo convenciéndote de
pecado e intentando persuadirte para que cambies.

Vivimos la vida a un ritmo tan rápido y tomamos decisiones tan rápidas en base a lo que queremos, pensamos o cómo
nos sentimos, que normalmente ni siquiera sentimos la incomodidad. Simplemente seguimos haciendo las cosas a nuestra
manera hasta que nos sentimos lo suficientemente angustiados
como para empezar a escuchar al Señor.

Antes de pilotar un avión, los pilotos tienen una lista que
repasan cuidadosamente para asegurar que todo funciona
como debería. Tal vez nosotros también deberíamos tener una

lista (aunque sea mental) que repasemos un par de veces al día. Podría incluir preguntas como estas:

- ¿Estoy demasiado apresurado como para oír a Dios si habla?
- ¿Estoy haciendo lo que Dios quiere y comportándome de formas que lo agradan?
- ¿Estoy haciendo algo que moleste a mi conciencia?
- ¿Siento paz con las decisiones que estoy tomando hoy?

Cuando ores, no solo hables con Dios; tómate también el tiempo de escucharlo. Recuerdo una vez que estaba orando y Dios habló a mi corazón diciendo: «Joyce, es hora de que tu boca sea salva». Yo era salva, pero mi salvación no había afectado a mi boca. Seguía chismeando, quejándome, criticando, hablando de forma negativa a menudo, le faltaba al respeto a mi esposo a veces, les gritaba a mis hijos cuando estaba frustrada conmigo misma, y utilizaba mis palabras de otras maneras negativas. Podemos decir con sinceridad que queremos lo que Dios quiere, pero para que la obstinación sea crucificada tenemos que hacer lo correcto aunque duela mientras la carne muere.

Hacer lo correcto aunque duela significa que estás creciendo espiritualmente. Por lo tanto, puedes tener gozo sabiendo que el dolor significa que estás mejorando.

> Hacer lo correcto aunque duela significa que estás creciendo espiritualmente.

Gálatas 5:16 dice: «Por eso les digo: dejen que el Espíritu Santo los guíe en la vida. Entonces no se dejarán llevar por los impulsos de la naturaleza pecaminosa».

Como la carne y el espíritu están constantemente oponiéndose el uno al otro y la voluntad del yo es fuerte, sobreponerse a los deseos de nuestra naturaleza humana y vivir habitualmente en el Espíritu puede ser difícil. Pero no te des por vencido; levántate y vuelve a intentarlo sin importar el número de veces que te caigas.

La caja de herramientas de Dios

¿Qué tipo de cosas usa Dios para ayudarnos a morir al egoísmo y madurar espiritualmente? Yo las llamo herramientas en la caja de herramientas de Dios. Una persona que está en proceso de morir al yo podría seguir queriendo tener el control, por lo que Dios usará circunstancias fuera de su control para atraer a esa persona bajo su mano de amor. Yo era muy controladora cuando Dave y yo nos casamos; sin embargo, después de ponerme en serio en mi relación con Dios, supe que el control era una actitud que Él quería que soltara y necesitaba su ayuda para hacerlo. Me di cuenta de que Dios me ponía en situaciones que yo no podía controlar y me rodeaba de personas que tampoco podía controlar. Esta fue una de las herramientas que me ayudó a morir al yo con el tiempo y a volverme más flexible y moldeable en su mano. Como dice Pablo en Filipenses 3:13–14, no lo hago perfecto aún, pero persevero hacia la meta de soltar el control.

Dios también utiliza a personas que nos dicen que hagamos cosas que no queremos hacer, y normalmente son personas importantes en nuestras vidas, como un jefe que podría despedirnos de un empleo que queremos mantener o un amigo que no queremos perder. Dios puede usar a gente con personalidades que nos irritan o a alguien que nos recuerda a una persona que nos cae mal.

A mí no me gustaba la gente que me recordaba a mi padre, pero durante una temporada de mi vida Dios me rodeó de personas así. Tuve que aprender a lidiar con ellos de formas piadosas. Dios quiere que maduremos hasta el punto de que las circunstancias que escapan a nuestro control no nos hagan perder el control sino confiar en Él. Nos da dominio propio para el propósito que la frase indica: para que podamos controlarnos.

La primera vez que leí que las esposas debían someterse a sus esposos (Efesios 5:22) estaba lejos de ser obediente en este área; sin embargo, a medida que me enamoré más profundamente de Jesús y quería obedecerlo, me di cuenta de que en algunas ocasiones Dave me pedía que hiciera o no hiciera algo con lo que yo no estaba de acuerdo. Sabía que Dios había sacado de nuevo la caja de herramientas y estaba trabajando en mí. No siempre pasaba la prueba, y cuando no lo hacía, intentaba hacerlo más adelante. En la escuela de Dios nunca reprobamos; simplemente seguimos haciendo el examen hasta que lo superamos.

La Palabra de Dios nos dice que obedezcamos a la autoridad que ha sido puesta sobre nosotros, incluyendo las autoridades civiles (Efesios 5:21) y que nos sometamos a Dios (Santiago 4:7). Hay autoridades de algún tipo casi en todos los lugares a los que vamos. No están para que una persona gobierne sobre otra, sino para que podamos tener orden en lugar de caos. Puede que la persona que está en autoridad no siempre tome las decisiones correctas, pero deberíamos orar por ella y dejar que Dios se lo revele en lugar de intentar corregirlos nosotros.

Circunstancias que se escapan a nuestro control

Dios permite circunstancias que están fuera de nuestro control para enseñarnos a mantener la calma en la adversidad (Salmos 94:13), y de hecho las usa para fortalecernos según Isaías 41:10:

No tengas miedo, porque yo estoy contigo; no te desalientes, porque yo soy tu Dios. Te daré fuerzas y te ayudaré; te sostendré con mi mano derecha victoriosa.

Ciertas situaciones que antes me molestaban ahora no me molestan en absoluto porque he pasado por ellas una y otra vez. Dios me ha fortalecido. He muerto a mí misma en ese área.

Nunca deberíamos sorprendernos cuando pasemos por momentos difíciles o cuando las cosas no salen como nos gustaría. Primera de Pedro 4:12 dice: «Queridos amigos, no se sorprendan de las pruebas de fuego por las que están atravesando, como si algo extraño les sucediera».

Dios quiere que nos sometamos a Él pero que seamos inmanejables para el diablo. Santiago 1:2–3 nos dice que las pruebas de todo tipo producen el fruto de la paciencia. De hecho, yo le he dicho a la gente que tengo a mi alrededor que sacaron muchas cosas de mí antes de la paciencia.

> Dios quiere que nos sometamos a Él pero que seamos inmanejables para el diablo.

Debemos considerar las pruebas que enfrentemos como «un tiempo para alegrarse mucho», sabiendo que producirán paciencia (Santiago 1:2). Cuando la paciencia ha hecho su trabajo en nosotros, seremos «perfectos y completos, y no [nos] faltará nada» (Santiago 1:4). Cuando somos pacientes, el diablo no puede usar nuestras emociones en nuestra contra. Desarrollar esta clase de paciencia requiere aprender a confiar en Dios, sabiendo que Él es bueno y creyendo que Él nunca permitirá que seamos tentados más de lo que podamos soportar (1 Corintios 10:13).

Decepciones divinas

A veces Dios permite decepciones divinas para llevarnos al punto en el que confiemos en Él sin deprimirnos o desanimarnos cuando no obtenemos lo que queremos o esperamos. Incluso podría permitirnos experimentar un fracaso divino para que no pensemos mejor de nosotros mismos de lo que deberíamos (Romanos 12:3).

El apóstol Pedro es un buen ejemplo de esto. Jesús les dijo a los discípulos que todos lo abandonarían (Mateo 26:31). Pedro dijo que él nunca haría eso aunque tuviera que morir (Mateo 26:35); sin embargo, Pedro negó a Jesús no una sino tres veces (Mateo 26:69–75). Esto desarrolló en él una humildad que necesitaba desesperadamente para cumplir el llamado de Dios para su vida.

Pasar por pruebas es doloroso, pero también produce sanidad y fortaleza. Es mejor someterse a ellas en lugar de resistirse. Permite que Dios haga la obra que quiere hacer en ti para que puedas ser la persona que Él quiere que seas.

En ocasiones, las pruebas en nuestra vida son el resultado de los ataques del diablo en contra de nosotros y deberíamos resistirlo. Otra veces, las dificultades que enfrentamos son ordenadas por Dios para nuestro bien. ¿Cómo podemos diferenciar unas de otras? Las cosas que vienen del diablo son malvadas en naturaleza porque él es mentiroso (Juan 8:44), y solo vino a «robar y matar y destruir» (Juan 10:10). Las cosas que Dios organiza, por el contrario, pueden ser incómodas pero no son destructivas. No nos roban ni nos destruyen, sino que al final nos hacen mejores. Incluso las cosas que el diablo trae a nuestra vida para hacernos daño pueden finalmente obrar para nuestro bien si confiamos en Dios (Romanos 8:28).

CAPÍTULO 21

Los muertos vivientes

Pero la que se entrega a los placeres desenfrenados, aún viviendo, está muerta.

1 Timoteo 5:6 NBLA

Según 1 Timoteo 5:6, las personas egoístas que viven para hacerse felices a sí mismas están muertas aunque siguen viviendo. Yo creo que esto significa que por dentro están muertas. Dios le dijo a Adán que, si hacía lo que le había dicho que no hiciera, moriría (Génesis 2:17). Adán y Eva desobedecieron a Dios, y aunque no murieron físicamente en el momento, todo cambió para ellos. Experimentaron miedo por primera vez, sintieron la necesidad de esconderse de Dios (Génesis 3:10), y aunque la Biblia no lo dice exactamente así, yo creo que perdieron su gozo y su paz. La vida y la luz que tenían en su interior se apagó cuando pecaron y no se arrepintieron.

Cuando aprendemos a amar a las personas de verdad, pasamos de muerte a vida según 1 Juan 3:14: «Nosotros sabemos que hemos pasado de la muerte a la vida porque amamos a nuestros hermanos. El que no ama permanece en la muerte» (NVI). Cuando amamos a los demás tenemos gozo, poder y paz; y estamos llenos de vida.

Este versículo se refiere a la vida y la muerte espirituales, no a la vida o la muerte físicas. El mundo está lleno de lo que llamaremos «muertos vivientes». Se puede ver en sus rostros y en sus actitudes. Se puede escuchar en sus palabras y reconocer en la forma en que tratan a otros. Son infelices, y las personas infelices tienden a hacer infelices también a los demás.

Mi padre era extremadamente egoísta. No le importaba a quién hacía daño mientras consiguiera lo que él quería. También era muy infeliz y parecía disfrutar de hacer que los demás también fueran infelices. Se molestaba de verdad cuando las personas a su alrededor estaban contentas y llenas de gozo. Tristemente, el mundo en el que vivimos hoy está lleno de personas que son como él era. Son infelices porque viven para sí mismos y no les importa a quién hagan daño mientras consigan lo que quieren. Estoy agradecida porque podemos escoger vivir una vida desprendida que nos produce gozo y poder sobre el enemigo. Recuerda siempre que vencemos el mal haciendo el bien (Romanos 12:21).

Muertos andantes

Las personas egoístas suelen ser personas solitarias, pero no se dan cuenta de que ser egoístas puede ser la causa de su soledad. En la introducción mencioné que creo que el egoísmo es como vivir en aislamiento en una cárcel porque no hay nadie más en tu vida aparte de ti mismo. La mayoría de las celdas de una prisión son de aproximadamente de unos dos por tres metros. Imagínate estar en un espacio así tú solo tal vez durante muchos años. Eso en sí mismo sería una tortura.

Cuando alguien está en el corredor de la muerte está en aislamiento y vive cada día simplemente esperando a morir. Se les llama «muertos vivientes». Estoy segura de que no queremos ser eso.

Como creyentes en Cristo, tenemos su poder en nuestro interior y, lo que es más importante, su amor. Tenemos lo que el mundo quiere y necesita, y lo único que tenemos que hacer es dejar de pensar en nosotros mismos y aprender a dar amor.

Como dice Jesús en Marcos 8:34: «Entonces llamó a la multitud para que se uniera a los discípulos, y dijo: "Si alguno de ustedes quiere ser mi seguidor, tiene que abandonar su propia manera de vivir, tomar su cruz y seguirme"». Espero que a estas alturas eso no te asuste tanto como pudo hacerlo al principio de este libro. Siempre que hacemos las cosas a la manera de Dios, nuestras vidas mejoran y experimentamos su gozo y su paz.

Tres maneras de expresar amor a los demás

Hay muchas maneras de demostrar a los demás que los amamos, y aunque he escrito un capítulo de este libro sobre ellas, me gustaría dedicar esta sección de este capítulo a tres maneras específicas en las que todos podemos mostrar amor a los demás: ser misericordioso, ser rápido para perdonar, y resistir la tentación de juzgar.

1. Ser misericordioso.

> Sean ustedes misericordiosos, así como su Padre es misericordioso.
>
> Lucas 6:36 NBLA

Si recordamos que nosotros también necesitamos misericordia, es más fácil mostrarla a los demás. Yo suelo describir la misericordia como no dar a alguien el castigo que merece y en cambio ofrecer perdón. La misericordia es reconfortante, calmante y sanadora. Es preciosa, y las misericordias de Dios son nuevas cada mañana (Lamentaciones 3:22–23), así que tal vez la nuestra también debería serlo. Como hijos de Dios, nunca deberíamos tener una actitud de venganza o emplear nuestro tiempo y energías intentando tomar represalias contra alguien que nos ha herido. Tenemos el privilegio de dar misericordia porque Dios nos ha dado misericordia a nosotros. ¿Has recibido la misericordia de Dios, o aún estás castigándote a ti mismo por errores que cometiste aunque Jesús ya llevó tu castigo y te perdonó? Si no recibimos misericordia, no podemos darla a los demás.

> *Si no recibes misericordia, no puedes darla a los demás.*

Jesús está lleno de misericordia hacia nosotros. Él se convirtió en nuestro «sumo sacerdote fiel y compasivo al servicio de Dios, a fin de obtener el perdón de los pecados del pueblo» (Hebreos 2:17 NVI). Solo leer este versículo y darme cuenta de la gran misericordia que Jesús tiene por mí me hace relajarme y sentirme más cómoda. Imagina lo buenas que serían nuestras relaciones con las personas si ofreciéramos misericordia en lugar de enojo cuando cometen errores. Estar enojado es peor para nosotros que para la persona con la que estamos enojados. Hay momentos, por supuesto, en los que tenemos que corregir a otros para intentar ayudarlos a aprender a hacer las cosas a la manera de Dios, pero deberíamos enfocarnos en ser misericordiosos y orar para que las personas sigan a Dios en todo lo que hagan.

Cuando era niña no recibí misericordia por parte de mi padre. Todos los errores traían consigo un castigo de algún tipo, y yo le tenía miedo. Podríamos eliminar mucho miedo del mundo si las personas supieran que van a recibir misericordia las unas de las otras en lugar de castigo. Como he dicho, algunas veces las personas sí necesitan sufrir las consecuencias, pero eso no significa que no podamos mostrarles también misericordia con la actitud que adoptamos. Incluso cuando Dios nos reprende, dice que lo hace porque nos ama (Hebreos 12:6; Apocalipsis 3:19).

Dios es abundante en misericordia. La Biblia menciona su misericordia y compasión cientos de veces. El hecho de que Él es misericordioso no quita nuestra responsabilidad de hacer lo mejor que podamos, pero sí nos da la oportunidad de arrepentirnos y cambiar para mejor. La misericordia de Dios para con nosotros nos da gozo, y nuestra misericordia para con los demás les da gozo a ellos y a nosotros.

Considera esta pequeña muestra de lo que dice la Palabra de Dios sobre su misericordia:

El Señor es misericordioso y compasivo, lento para
enojarse y lleno de amor inagotable. El Señor es
bueno con todos; desborda compasión sobre toda su
creación.

Salmos 145:8–9

Él se acordó de nosotros en nuestras debilidades. Su
fiel amor perdura para siempre. Nos salvó de nuestros
enemigos. Su fiel amor perdura para siempre.

Salmos 136:23–24

Si queremos ser semejantes a Dios, tenemos que estudiar la
misericordia y estar listos para extenderla a los demás con generosidad. También deberíamos recibirla para nosotros mismos
cuando la necesitemos, que puede ser a diario o incluso varias
veces cada día. Cuanto más aprendamos a recibir la misericordia de Dios y nos demos cuenta de lo increíblemente maravillosa
que es, más fácil será para nosotros extenderla a otros.

En Colosenses, Pablo escribe que debemos revestirnos de
«entrañable misericordia» (Colosenses 3:12 RVC). Esto significa que la misericordia es algo que decidimos dar a otros, no
esperar a sentirlo para ser generosos. En Juan 8:1–11 leemos la
historia de una mujer que fue sorprendida en adulterio. Los fariseos (líderes religiosos) la llevaron ante una multitud para apedrearla porque ese era el castigo por su comportamientos según
su ley. Jesús estaba presente cuando esto ocurrió, y los fariseos
intentaron tenderle una trampa. Querían usar en su contra algo
que dijera, así que le preguntaron qué debían hacer con ella. En
lugar de recomendar un castigo, Jesús dijo: «¡Muy bien, pero el
que nunca haya pecado que tire la primera piedra!» (v. 7), y uno
por uno todos se fueron.

Observemos que fueron los líderes religiosos encargados del

cumplimiento de la ley quienes no tardaron en avergonzar a la mujer delante de la multitud, y querían apedrearla. Las personas legalistas y que se creen más santas que los demás son las primeras en juzgar, criticar y castigar. Sin embargo, los verdaderos seguidores de Jesús que han recibido misericordia quieren también extenderla a otros.

> *¿Hay alguien en tu vida ahora mismo que necesita que le muestres misericordia?*

¿Quién de nosotros es tan perfecto que nunca necesita misericordia? Yo no, eso seguro. ¿Y tú? Debemos hacer a los demás lo que queremos que nos hagan a nosotros (Mateo 7:12). En el cristianismo, esto se conoce como la regla de oro. Imagina cuán diferente sería el mundo en el que vivimos si todos se guiaran por este principio. ¿Hay alguien en tu vida ahora mismo que necesita que le muestres misericordia?

2. Ser rápido para perdonar.

> Perdónense de la misma manera que Cristo los perdonó.
>
> Colosenses 3:13 RVC

Si diéramos a los demás el mismo perdón que recibimos de Dios, nuestras vidas serían mucho más felices. Cuando no perdonamos a alguien, pensamos que lo estamos castigando pero en realidad nos estamos encerrando a nosotros mismos en el odio y la amargura. Negarse a perdonar es como beber un veneno y esperar que tu enemigo muera.

El perdón es una decisión sobre cómo trataremos a los demás; no es un sentimiento. Tal vez una persona no me caiga bien, pero aun así puedo amarla y perdonarla si me hace daño.

A menudo las personas no perdonan porque creen que es

demasiado difícil, pero perdonar es mucho más fácil que vivir lleno de odio. Cuando perdonas a alguien, te liberas del tormento futuro y pones a la persona que te hizo daño en manos de Dios sabiendo que Él lidiará con él o ella de manera apropiada. Dios es un Dios justo y siempre se encarga de hacer justicia.

> El odio es desagradable, pero el perdón es precioso.

Pregúntate a ti mismo a diario si estás enojado con alguien. Si es así, pídele a Dios que te ayude a soltar la ofensa y a confiar en que Él se encargará.

El odio es desagradable, pero el perdón es precioso.

3. Resistir la tentación de juzgar.

«No juzguen, para que no sean juzgados».

Mateo 7:1 RVC

Seremos juzgados de la misma forma que juzguemos a los demás. ¿Alguna vez alguien te juzgó negativamente? A mí sí, y duele cuando la gente piensa o dice cosas sobre nosotros que no son ciertas. Muchas veces, cuando las personas juzgan a otros ni siquiera saben de lo que hablan. Puede que solo estén transmitiendo algún chisme que oyeron o tal vez juzgaron a simple vista, lo cual la Palabra de Dios nos dice que no hagamos (Juan 7:24). Si no te gusta cómo te ves, eso te causa inseguridad y te presentan a alguien que tiene la piel perfecta, es delgada y atractiva, puede que a simple vista decidas que no te cae bien, pero la raíz de esa actitud es la envidia. Si te tomas el tiempo de llegar a conocer a esa persona, tal vez encuentres una buena amistad.

Recientemente leí algo sobre mí en el internet, y no lo sabía. Decía que yo compro toda mi ropa en una tienda muy cara. Lo único que pude decir fue: «Si es así, ¿dónde está toda esa ropa cara? En mi armario no está». La persona que publicó esa información incorrecta solo quería hacerme parecer alguien que gasta mucho dinero en ropa pensando que así otros también me juzgarían. Así se comporta alguien malintencionado que probablemente también tiene envidia. Ten cuidado con creer todo lo que lees o escuchas sobre otra persona y juzgarla basándote en esa información.

Si una persona sí que compra toda su ropa en una tienda cara, eso es entre esa persona y Dios. Lo que está claro es que no es asunto mío ni de nadie. Ya todos sabemos que las redes sociales son un lugar donde la gente malinformada chismea y propaga mentiras y rumores a miles de personas. No seas ingenuo y te creas algo negativo de alguien si no lo han confirmado dos o tres testigos (Deuteronomio 17:6; 2 Corintios 13:1 rvc). Los testigos deben ser confiables (Proverbios 14:5).

Deberíamos protegernos los unos a los otros y cubrirnos en amor, y no ser rápidos en llegar a conclusiones que no sabemos si son ciertas. El amor siempre piensa lo mejor de cada persona (1 Corintios 13:7).

Hay muchas maneras de mostrar amor, pero estas tres te pueden dar una idea de cómo se comporta el amor.

Desarrollar actitudes de amor

Yo tuve que *desarrollar* una actitud de misericordia, de perdón y libre de juicio porque por muchos años no la tuve. Ser misericordiosa, perdonar y no juzgar no era algo que me resultaba natural. Si no eres misericordioso sino que tiendes a ser más rígido y legalista, te animo a orar para que Dios te ayude a desarrollar una actitud de misericordia hacia los demás. Benditos los misericordiosos porque recibirán misericordia (Mateo 5:7). Haz lo mismo si sientes que tu actitud es de no perdonar y juzgar.

Santiago escribe que «la compasión triunfa en el juicio»

(Santiago 2:13 NVI). En otras palabras, las personas que extienden misericordia son mayores que las que juzgan. Realmente nadie tiene derecho a juzgar a otra persona. Podemos y debemos juzgar el pecado, pero no podemos juzgar a las personas porque no sabemos lo que han atravesado o lo que saben o no saben. Juzgar a las personas le corresponde a Dios, no a nosotros (Santiago 4:12). Tenemos leyes civiles y jueces que juzgan a aquellos que quebrantan la ley, pero yo no me refiero a eso ahora. Dios nos da misericordia que no merecemos, y nosotros deberíamos estar listos para extender esa misericordia a los demás si nos hieren u ofenden. Puede que pensemos que no merecen misericordia, pero esa es la belleza de la misericordia. Es un regalo y no se puede ganar o merecer. Como mencioné anteriormente, es posible que haya consecuencias por hacer el mal, pero nuestra actitud hacia las personas debería ser de misericordia.

> Si Dios te da misericordia que no mereces, extiende misericordia a aquellos que te han herido.

Dios es tan rico en misericordia que, incluso mientras estábamos muertos en pecados, Él nos dio vida juntos en comunión y unión con Cristo. Gracias a su misericordia y amor es que somos salvos, no por algo que hayamos o no hayamos hecho (Efesios 2:4–5).

Las personas que no están dispuestas a extender misericordia a los demás son egoístas. Prefieren mantener su enojo y sus actitudes críticas antes que extender misericordia, pero estas mismas personas querrán misericordia cuando hagan algo mal. Las personas egoístas quieren aquello que no están dispuestas a dar a los demás.

Los caminos de Dios producen vida y amor. Si no actuamos como Dios quiere, estaremos llenos de muerte y miseria. Es horrible estar así, pero es fácil solucionarlo. Lo único que tenemos que hacer es reconocer nuestro pecado, pedir perdón, recibirlo y estar dispuestos a dejar que el Espíritu Santo nos ayude a desarrollar actitudes de amor, misericordia y perdón hacia los demás. No alimentes el egoísmo cediendo a él. Resístelo igual que resistirías cualquier otro pecado. Recuerda que, como cristianos, sabremos que hemos pasado de muerte a vida si nos amamos los unos a los otros (1 Juan 3:14).

CAPÍTULO 22

Rendición total

Por lo tanto, amados hermanos, les ruego que entreguen su cuerpo a Dios por todo lo que él ha hecho a favor de ustedes. Que sea un sacrificio vivo y santo, la clase de sacrificio que a él le agrada. Esa es la verdadera forma de adorarlo.

Romanos 12:1

Romanos 12:1 nos enseña que presentarle a Dios todo lo que somos y dedicarle todos nuestros miembros y capacidades (lo cual básicamente significa todo lo que somos) a Él para que los use es nuestro sacrificio y adoración a Dios. Esto incluye nuestra mente, boca, emociones, voluntad, tiempo, energía, finanzas, manos, pies, corazón…todo lo que somos. Con esto en mente, ¿estás listo para una rendición total?

Cuando recibimos a Jesús como nuestro Señor y Salvador experimentamos salvación, pero es posible no rendir completamente cada aspecto de quien somos en el momento de la salvación. Tal vez queramos hacerlo, pero al caminar con Dios nos damos cuenta de que queremos aferrarnos a algunas cosas en nuestra vida porque aún no hemos entendido que Dios es digno de confianza. La rendición total es al mismo tiempo una decisión y un camino.

Nuestro compromiso con el Señor debe ser sincero. Cuando te pregunto si estás listo para rendirte por completo, también te insto a pensarlo seriamente antes de responder. Es un compromiso muy grande, pero con el tiempo te producirá contentamiento, paz y gozo como nunca tuviste. También abrirá las ventanas de los cielos y se derramarán sobre ti bendiciones inimaginables.

Las personas tienen miedo a dejar de ser egoístas porque creen que, si no cuidan de sí mismos o si se dedican a bendecir a los demás en lugar de buscar bendiciones para sí, nunca conseguirán lo que quieren. Pero lo cierto es lo contrario. Cuando nos rendimos al Señor verdaderamente y completamente, Él nos concederá los deseos de nuestro corazón en el momento correcto (Salmos 37:4).

Cambio

Debemos entender que, cuando nos rendimos completamente a Dios, habrá cambios en nuestra vida. Es posible que no nos gusten todos al principio. A menudo queremos que nuestras circunstancias cambien, pero *nosotros* nos queremos cambiar. Sin embargo, nuestras circunstancias no cambiarán hasta que cambiemos nosotros. Yo he descubierto en mi vida que muchas de mis circunstancias has permanecido igual, pero yo he cambiado tanto que ya no me molestan. Ahora me doy cuenta de lo ridículo que era estar molesta y frustrada por algunas de las tonterías que antes me molestaban. Cuanto más morimos al yo, menos nos molestarán los inconvenientes o las personas que no hacen lo que queremos que hagan.

> Tus circunstancias no cambiarán hasta que cambies tú.

Cuando cambiamos, somos transformados. *Transformar* implica un cambio sustancial en forma, naturaleza o función. Significa «cambiar en carácter y condición: convertir».[29] Dios hace la obra de transformación en nuestro espíritu cuando aceptamos a Cristo como nuestro Salvador, pero esa misma obra debe llevarse a cabo en nuestra alma, y eso significa morir al yo. Por si se te había olvidado, morir al yo es no vivir según lo que pensamos, queremos o sentimos. En su lugar, es vivir de acuerdo a la voluntad de Dios sin importar cómo nos sintamos. Queremos estar de acuerdo con Dios en todo momento. Cuando nacemos de nuevo recibimos una nueva naturaleza en nuestro espíritu, pero la vieja naturaleza sigue aferrada a nosotros y debemos aprender a no permitir que nos controle. Romanos 6:11 nos dice que debemos morir al pecado. Un día me di cuenta de que la Palabra de Dios no dice que el pecado muere; dice que nosotros estamos muertos al pecado. El pecado siempre estará a nuestro alrededor, tentándonos a hacer lo malo, pero podemos aprender a hacer lo correcto aunque el diablo nos esté presionando a pecar. Nuestro verdadero yo, producto del nuevo nacimiento y la nueva naturaleza que Dios nos ha dado, no quiere pecar. La debilidad está en nuestra carne.

El deseo de Dios es no solo transformarnos sino también restaurarnos. Quiere que nosotros, sus hijos, volvamos al estado original que Él quiso para nosotros desde el principio de los tiempos. Él ya pagó el precio para devolvernos todo lo que el diablo nos ha robado a lo largo de los años. Tal vez te robó tu confianza, tu seguridad, tu capacidad de confiar en Dios y en las personas o tu fe. Quizá te mantiene cautivo a través del miedo y la duda. Dios puede dar la vuelta a todo eso si creemos que somos redimidos. Colosenses 1:13–14 dice: «Él nos libró del dominio de la oscuridad y nos trasladó al reino de su amado Hijo, en quien tenemos redención y perdón de pecados» (NVI).

Lo único que tenemos que hacer es rendir nuestra voluntad a la de Él. Debemos entender que no podemos llevar a cabo la voluntad de Dios y la nuestra al mismo tiempo (o por lo menos la mayoría de las veces). En ocasiones coinciden, pero muchas veces no. En algún punto, nuestra voluntad y la suya serán lo mismo, pero al principio suelen estar muy alejadas y hará falta una obra profunda de transformación en nuestras almas para que se unifiquen. Llegaremos poco a poco a medida que trabajamos junto con el Espíritu Santo y su gracia nos cambia.

Dios no quiere que estemos *bajo* algo siempre: bajo algún ataque, bajo presión, bajo estrés o bajo cualquier otra cosa que no sea su autoridad. Él quiere que conozcamos y usemos la autoridad y el poder que nos pertenecen en Él. La Escritura nos ayuda a recordar que tenemos poder sobre las obras del diablo:

Miren, les he dado autoridad sobre todos los poderes del enemigo; pueden caminar entre serpientes y escorpiones y aplastarlos. Nada les hará daño.

Lucas 10:19

Todo cambia excepto Dios. Él es el mismo ayer, hoy y para siempre (Hebreos 13:8). El cambio es una señal de que estamos creciendo, una señal de que estamos vivos. Es un hecho de la vida. Al principio puede asustarnos, pero al final es refrescante.

En Deuteronomio 8, Dios les dice a los israelitas que obedezcan todos sus mandamientos para que «vivan y sean multiplicados, y entren y posean la tierra» que les había prometido (v. 1 RVC). Ya estaban vivos; por lo tanto, ¿a qué se refiere cuando dice «para que vivan»? Se refería a que vivan *de verdad*; vivir una vida asombrosa, una vida en la que enfrentas cada día con emoción cuando te levantas. Les dijo a los israelitas que los probaría para ver si guardaban o no sus mandamientos (v. 2). Es fácil amar a Dios y guardar sus mandamientos cuando todo va bien, pero ¿qué ocurre cuando no es así? ¿Seguirás obedeciendo a Dios incluso cuando no recibas una recompensa instantánea y no tengas ni idea de si la recibirás o no? ¿Obedecerás cuando tus circunstancias sean difíciles y nada en tu vida parezca justo?

Dios les dijo a los israelitas que había permitido que pasaran por pruebas difíciles para llevarlos a una buena tierra en la que fluía todo lo bueno que pudieran imaginar (vv. 1-9). Después, en los versículos 10–20 les dice que no se olviden de Él cuando hayan entrado en esa buena tierra y tengan todo lo que desean, o perecerán.

Para el Señor es muy importante que lo amemos con la misma devoción en los malos momentos que en los buenos.

Metamorfosis

El contexto ampliado de 2 Corintios 3:18 nos enseña que seremos cambiados a imagen de Dios a medida que sigamos profundizando en su Palabra. Otras traducciones dicen que seremos transformados a imagen de Dios (NVI, RVC, NBLA). La palabra en griego para *cambiado* o *transformado* tiene la misma raíz que *metamorfosis*, que significa pasar por un cambio completo.[30] Este tipo de cambio no solo es difícil; también puede ser confuso. Cuando estamos cambiando ya no somos lo que éramos, pero tampoco somos lo que seremos. Nos sentimos desorientados y confundidos. Si te sientes así, no te rindas porque al final lo verás todo con claridad.

> Cuando estamos cambiando ya no somos lo que éramos, pero tampoco somos lo que seremos.

Piensa en una oruga que se convierte en mariposa. No podría haber dos criaturas más diferentes. Las mariposas son preciosas, pero las orugas son una plaga que devora las plantas de las que nos alimentamos. Cuando comienza el proceso de cambio, las orugas mudan la piel. Esto ocurre varias veces. De modo similar, como creyentes debemos mudar muchas cosas durante nuestro proceso de transformación. Podemos mudar pensamientos equivocados, malas actitudes, falta de perdón, desobediencia, terquedad, rebeldía, envidia y orgullo, entre otras cosas. La lista es infinita.

Cuando el proceso de mudar la piel ha terminado, la oruga hila un botón de seda que se adhiere a alguna ramita, hoja, rama u otra base. En nuestro estado análogo, nosotros nos aferramos a Jesús. Aprendemos a habitar (permanecer) en Él (1 Juan 15:1–8). Cuando la oruga se adhiere a esa base, muda toda la piel y aparece una crisálida dura.

Igual que las orugas se convierten en mariposas en el secreto de la crisálida, la metamorfosis que sufrimos tú y yo es un proceso que tiene lugar en privado. Yo creo que lo que Dios hace en nosotros es entre Él y nosotros, y deberíamos mantenerlo en privado en su mayor parte. A fin de cuentas, muchas veces ni siquiera sabríamos explicar cómo nos sentimos. Simplemente sabemos que las cosas están cambiando, pero no estamos seguros de qué o cómo.

El tiempo que la oruga pasa en la crisálida depende del tipo de mariposa. Podrían ser días, semanas o meses, pero mientras está en la crisálida la oruga entera se convierte en un líquido. A partir de ese estado se forma la preciosa mariposa que está destinada a ser. Nosotros deberíamos ser igual en las manos del Señor: maleables y fácilmente moldeables para un nuevo propósito.

Los renacuajos se convierten en ranas a través de la metamorfosis. Las polillas, las abejas, las avispas, las hormigas y los escarabajos (incluyendo las mariquitas) pasan por un ciclo vital único llamado metamorfosis completa que tiene cuatro etapas distintas: huevo, larva, pupa y adulto.

De la misma forma que los diferentes insectos pasan por varias etapas en diferentes espacios de tiempo, no podemos esperar que nuestro cambio sea exactamente igual al de otra persona, porque todos somos diferentes y la voluntad y el propósito de Dios para cada uno es diferente. No deberíamos comparar nuestro índice de cambio con el de nadie. Dios sabe lo que es bueno para cada uno, y nuestra tarea es confiar en Él completamente, sabiendo que Él nos ama y está llevando a cabo su plan perfecto para nuestro futuro. No importa cuán grande sea mi problema cuando esté peleando contra él; dolerá, pero si confío totalmente en que Dios se ocupará de él, el dolor se va y llega la paz.

Durante la metamorfosis hay momentos en los que la pupa ni siquiera parece estar viva. A veces, cuando Dios nos está cambiando, también podemos sentirnos así. O al menos nos preguntamos si sobreviviremos a todos los cambios que están teniendo lugar en nuestras vidas.

Cuando llega el momento perfecto para que la oruga transformada salga de su crisálida, la rompe con movimientos bruscos y ahora es una mariposa. Al principio es débil, blanda y cojea, pero a medida que ejercita sus alas va adquiriendo la fuerza para comenzar su nueva vida. De igual manera nosotros, mientras seguimos permitiendo que Dios nos transforme, iremos ganando más fuerza y nos pareceremos más a Él cada día.

Transformados a imagen de Cristo

Jesús es moralmente excelente, y cuando pasamos por una transformación estaremos de camino a ser igual. Comenzamos a hacer lo que es piadoso: tomar decisiones piadosas, hablar de manera piadosa, tener actitudes piadosas, tratar bien a los demás y usar nuestro dinero y otros recursos sabiamente.

Dios le dijo a Adán: «Sean fructíferos y multiplíquense. Llenen la tierra y gobiernen sobre ella» (Génesis 1:28). Esta escritura nos enseña que Dios nunca quiso que utilizáramos lo que tenemos o lo que Él nos ha dado de manera egoísta y egocéntrica, sino para servirlo a Él y ayudar a los demás.

Dios hizo a los seres humanos a su imagen y semejanza (Génesis 1:26-27). El diablo introdujo el pecado utilizando el engaño, pero Dios nos ha destinado a regresar a su diseño original. Cuando estamos destinados a algo, no podremos estar completamente satisfechos sin ello.

Espero que a estas alturas entiendas más a lo que me refiero cuando digo que debemos morir para vivir. Que nuestra meta sea poder decir junto al apóstol Pablo: «ya no vivo yo, sino que Cristo vive en mí» (Gálatas 2:20 RVC) y «lejos esté de mí el jactarme, a no ser en la cruz de nuestro Señor Jesucristo, por quien el mundo me es crucificado a mí, y yo al mundo» (Gálatas 6:14 RVC). Y digamos junto al apóstol Juan: «Él debe tener cada vez más importancia y yo, menos» (Juan 3:30).

Somos libres para disfrutar lo bueno y todo lo que Dios ha creado, pero debemos recordar que somos la luz del mundo (Filipenses 2:15 RVC) y la luz no puede tener comunión con las tinieblas (2 Corintios 6:14).

Un amigo me preguntó hace poco cómo manejar las emociones. Me dijo: «Cuando me enojo con mi esposa, al final termino hablando con ella pero tardo varios días en hacerlo. ¿Cómo se puede hacer inmediatamente?». Yo le dije que mi relación con el Señor es más importante para mí que alimentar mi enojo, y que con el tiempo he aprendido que no tengo que esperar a sentir que quiero hacer lo correcto para hacerlo. Si puedes recordar de este libro estas dos verdades (que tu relación con Dios es más importante que tus emociones y que puedes hacer lo correcto aunque no tengas ganas de hacerlo), creo que te ayudarán cuando tengas que tomar una decisión difícil.

> *No tienes que esperar a sentir que quieres hacer lo correcto para hacerlo.*

La historia de la taza de té

Permíteme terminar este libro con una historia que he compartido muchas veces. Hay varias versiones de ella, pero todas tienen la misma conclusión. Incluso si ya la has escuchado, es el final perfecto para este libro:

> Había una pareja que solía ir a Inglaterra para comprar en tiendas hermosas. A los dos les gustaban las antigüedades y la cerámica, en especial las tazas de té.

Un día, en su veinticinco aniversario de casados, vieron una taza preciosa en una hermosa tienda.

Dijeron: «¿Podemos verla? Nunca hemos visto una tan hermosa».

Cuando la mujer se la dio, la taza, de repente, habló. «No lo entienden», dijo. «No siempre fui así. Hubo un momento en el que era de color rojo porque era barro. Mi amo me tomó, me rodó y me golpeó una y otra vez, y yo gritaba "Déjame en paz", pero él sonrió y me dijo: "Todavía no"».

«Después me puso sobre una rueca», dijo la taza, «y de repente me dieron vueltas una y otra y otra vez. "¡Para! ¡Me estoy mareando!", grité. Pero mi amo asintió y dijo: "Todavía no"».

«Después me metió en un horno. Nunca había sentido tanto calor. Yo me preguntaba por qué me quería quemar mientras gritaba y golpeaba la puerta. Podía verlo por la abertura y podía leer sus labios mientras sacudía la cabeza. "Todavía no"».

«Finalmente se abrió la puerta, me colocó en una estantería y comencé a enfriarme. "Mucho mejor", dije. Y me cepilló y me pintó entera. El olor de la pintura era horrible; pensé que me daría una arcada. "Para, ¡para!" grité. Él solo asintió. "Todavía no"».

«De repente volvió a meterme en el horno, pero este no era como el primero. Este estaba dos veces más caliente, y yo sabía que me asfixiaría. Supliqué. Imploré. Grité. Lloré. Durante todo ese tiempo podía verlo por la abertura asintiendo con la cabeza y diciendo: "Todavía no"».

«Es entonces cuando supe que no había esperanza. Nunca sobreviviría. Estaba lista para darme por vencida. Pero se abrió la puerta, y él me sacó y me puso en una estantería. Una hora después me dio un espejo, y yo no podía creer que esa taza era yo. "Es preciosa. Soy preciosa"».

«"Quiero que lo recuerdes, entonces", dijo. "Sé que duele que te rueden y te golpeen, pero si te hubiera dejado en paz te habrías secado. Sé que te mareaste dando vueltas en la rueda, pero si hubiera parado te habrías derrumbado. Sabía que el horno dolía, era caluroso y no era agradable, pero si no te hubiera colocado dentro te habrías agrietado. Sé que el olor de la pintura no era placentero cuando te cepillé y te pinté, pero si no lo hubiera hecho nunca te habrías endurecido; habrías vivido tu vida sin color. Y, si no te hubiera puesto en el segundo horno, no habrías sobrevivido mucho tiempo porque la dureza no habría permanecido. Ahora eres un producto terminado. Tú eres lo que había en mi mente cuando comencé a trabajar en ti"». (Autor anónimo)

El proceso de madurar en Cristo y ser transformado a su imagen es difícil, y mientras lo estamos atravesando normalmente no entendemos lo que nos está ocurriendo. Sin embargo, si no te das por vencido, tú, igual que la preciosa taza, serás completamente cambiado y los demás te admirarán por tu belleza espiritual en Cristo.

CONCLUSIÓN

Creo que este podría ser uno de los libros más importantes que he escrito. Llevaba mucho tiempo queriendo escribirlo, pero no estaba segura de cómo respondería la gente a un libro sobre morir al yo y vivir una vida desprendida y sin egoísmo. Estoy siendo obediente a Dios al escribirlo, y ahora el resto le corresponde a Él.

Es mi oración que hayas disfrutado este libro y aprendido algo de él. También oro para que te haya dado entendimiento en cuanto al proceso de madurez por el que debemos pasar para convertirnos en las personas que Dios quiere que seamos. La historia de la taza de té es un buen ejemplo de esto. Las personas suelen ver un producto terminado y no tienen ni idea de lo que costó completarlo. Si alguna vez has contratado a alguien para que te construya una casa nueva, también puedes usarlo de ejemplo. ¡Lo que ahora es tu preciosa casa una vez fue un gran agujero en la tierra!

Es mi deseo ferviente que hayas visto las desventajas de ser egoísta y que estés listo para vivir a la manera de Dios que prioriza el amor, el sacrificio, la generosidad, el servicio y ayudar a otros a ser felices. Puedo prometerte que, si pruebas la manera de Dios, aunque tu carne tarde un tiempo en adaptarse, con el tiempo te sentirás libre de la prisión del yo.

Dios te ama más de lo que pudieras imaginar, y su deseo es que disfrutes de la mejor vida posible. Norman MacEwan dijo: «Nos ganamos la vida con lo que recibimos, pero disfrutamos la vida con lo que damos».[31] Puedo decir sin lugar a dudas que esta afirmación es verdadera. Mi caminar con Dios ha sido largo y difícil, pero al mismo tiempo ha sido glorioso y me ha cambiado la vida. Oro para que hoy te rindas completamente a Él y a su camino. Te animo a comprar al menos un ejemplar más para regalar a alguien. Si muchos de nosotros nos convertimos en seguidores de Jesús que no son egoístas, podemos cambiar el mundo.

¿Tienes una relación real con Jesús?

¡Dios te ama! Él te creó para que seas una persona especial, única, exclusiva, y Él tiene un propósito y un plan concretos para tu vida. Y, mediante una relación personal con tu Creador (Dios), puedes descubrir un estilo de vida que dará satisfacción verdadera a tu alma.

No importa quién seas, lo que hayas hecho o dónde te encuentres en la vida ahora mismo, el amor y la gracia de Dios son mayores que tu pecado, tus errores. Jesús dio su vida voluntariamente para que tú puedas recibir perdón de Dios y tener una nueva vida en Él. Él está esperando a que lo invites a ser tu Salvador y Señor.

Si estás listo para entregar tu vida a Jesús y seguirlo, lo único que tienes que hacer es pedirle que perdone tus pecados y te dé un nuevo comienzo en la vida, el que Él tiene para ti. Comienza haciendo esta oración...

Señor Jesús, gracias por dar tu vida por mí y perdonar mis pecados para que pueda tener una relación personal contigo. Siento mucho los errores que he cometido, y sé que necesito que me ayudes a vivir rectamente.

Tu Palabra dice en Romanos 10:9 que "si confiesas con tu boca que Jesús es el Señor y crees en tu corazón que Dios lo levantó de entre los muertos, serás salvo". Creo que eres el Hijo de Dios y te confieso como mi Salvador y Señor. Tómame tal como soy, y trabaja en mi corazón, haciéndome la persona que quieres que sea. Quiero vivir para ti, Jesús, y estoy muy agradecido porque me estás dando un nuevo comienzo en mi nueva vida contigo hoy.
¡Te amo, Jesús!

¡Es maravilloso saber que Dios nos ama tanto! Él quiere tener una relación profunda e íntima con nosotros que crezca cada día al pasar tiempo con Él en oración y estudiando la Biblia. Y queremos animarte en tu nueva vida en Cristo.

Por favor, visita https://tv.joycemeyer.org/espanol/como-conocer-jesus/, que es nuestro regalo para ti. También tenemos otros recursos en el Internet que te ayudan a progresar en tu búsqueda de todo lo que Dios tiene para ti.

¡Felicidades por tu nuevo comienzo en tu vida en Cristo! Esperamos oír de ti pronto.

NOTAS

1. John F. MacArthur, *Hard to Believe: The High Cost and Infinite Value of Following Jesus* (Thomas Nelson Inc., 2006), p. 2.
2. Watchman Nee, *Spiritual Authority* (Christian Fellowship, 1972), p. 69.
3. BrainyQuote, https://www.brainyquote.com/quotes/joseph_joubert _105575.
4. Mahatma Gandhi, *Ethical Religion* (S. Ganesan, 1922), p. 62.
5. Joseph Hartropp, «Amazing Grace: 7 Quotes from the Slaver-Turned-Preacher John Newton», *Christian Today*, 24 de julio de 2017, https://www.christiantoday.com/article/amazing-grace-7-quotes -from-the-slaver-turned-preacher-john-newton/111066.htm.
6. Derek Prince, *By Grace Alone: Finding Freedom and Purging Legalism from Your Life* (Baker Publishing Group, 2013).
7. A. B. Simpson, *Walking in the Spirit* (Christian Alliance Publishing, 1889), cap. 16.
8. «Prompt», *The American Heritage Dictionary of the English Language*, 5th ed. (HarperCollins, 2022).
9. Charles Haddon Spurgeon, *Evening by Evening: Or, Readings at Eventide for the Family or the Closet* (Passmore and Alabaster, 1868), p. 335.
10. Steve Maraboli, «Selfish People...», Tumblr.com, 16 de mayo de 2015, https://stevemaraboli.tumblr.com/post/119131243730/selfish -people-tend-to-only-be-good-to-themselves.
11. Sija Mafu, «7 Sobering Stephen Kendrick Quotes about Unconditional Love», Motivated2Inspire, 6 de septiembre de 2021, https://motivated2inspire.com/37-stephen-kendrick-quotes-that -express-his-love-for-god.
12. «Die to Self and Live Wholly to Him», Prince of Preachers, 15 de junio de 2017, https://www.princeofpreachers.org/quotes/die-to -self-and-live-wholly-to-him.

13. Mark Batterson, *Going All In: One Decision Can Change Everything* (Zondervan, 2013), p. 11.

14. Roger Steer, George Müller: *Delighted in God* (Crown, 2000).

15. «μακροθυμία», Blue Letter Bible, https://www.blueletterbible.org /lexicon/g3115/mgnt /tr/0-1.

16. BrainyQuote, https://www.brainyquote.com/quotes/ann_landers _104934.

17. «Diakonos», Bible Hub, https://biblehub.com/greek/1249.htm.

18. Anne Frank, «Give», en *The Works of Anne Frank* (Greenwood Press, 1959).

19. Simone Weil, Letter to Joë Bousquet, 13 de abril de 1942, en Simone Pétrement, *Simone Weil: A Life*, traducido por Raymond Rosenthal (Pantheon, 1976).

20. QuoteFancy, https://quotefancy.com/quote/758140/John-Bunyan-You-have-not-lived-today-until-you-have-done-something-for -someone-who-can.

21. «Practicing Gratitude for Better Health and Well-Being», Universidad de Utah Health, 19 de noviembre de 2021, https://healthcare. utah.edu/healthfeed/2021/11/practicing-gratitude-better-health -and-well-being; Linda Wasmer Andrews, «How Gratitude Helps You Sleep at Night», *Psychology Today*, 9 de noviembre de 2011, https://www.psychologytoday.com/us/blog/minding-the-body /201111/how-gratitude-helps-you-sleep-night.

22. «Anger: How It Affects People», Better Health Channel, n.d., https:// www.betterhealth.vic.gov.au/health/healthyliving/anger-how-it -affects-people.

23. «The End of Anxiety», GeorgeMuller.org, 26 de marzo de 2015, https:// www.georgemuller.org/quotes/the-end-of-anxiety.

24. «Trust», American Dictionary of the English Language (online), https://webstersdictionary1828.com/Dictionary/trust.

25. «Anapauó», Bible Hub, https://biblehub.com/greek/373.htm.

26. Ashleigh Brilliant, *I Try to Take It One Day at a Time, but Sometimes Several Days Attack Me at Once*, Brilliant Thoughts 6 (Brilliant Enterprises, 1987).

27. «Zóopoieó», Bible Hub, https://biblehub.com/greek/2227.htm.

28. «Quicken», Dictionary.com, https://www.dictionary.com/browse /quicken.

29. «Transform», *Merriam-Webster.com Dictionary*, https://www.merriam webster.com/dictionary/transform.

30. «Metamorphoó», Bible Hub, https://biblehub.com/greek/3339.htm.

31. Citado en *The Forbes Scrapbook of Thoughts on the Business of Life* (B. C. Forbes & Sons, 1950).

ACERCA DE LA AUTORA

Joyce Meyer es una de las principales maestras prácticas de la Biblia en el mundo y autora de éxitos de ventas del *New York Times*. Los libros de Joyce han ayudado a millones de personas a encontrar esperanza y restauración por medio de Jesucristo. Los programas de Joyce, *Disfrutando la vida diaria* y *Everyday Answers with Joyce Meyer*, se emiten por televisión, radio y el Internet a millones alrededor del mundo en más de 110 idiomas.

A través del ministerio Joyce Meyer Ministries, Joyce enseña internacionalmente sobre varios temas con un enfoque particular en cómo la Palabra de Dios se aplica a nuestra vida diaria. Su estilo de comunicación informal le permite compartir de manera abierta y práctica sobre sus experiencias para que otros puedan aplicar a sus vidas lo que ella ha aprendido.

Joyce ha escrito más de 140 libros, que han sido traducidos a más de 160 idiomas y sobre 39 millones de sus libros se han distribuido en todo el mundo. Entre sus éxitos de ventas están: *Pensamientos de poder*; *Mujer segura de sí misma*; *Luzca estupenda, siéntase fabulosa*; *Empezando tu día bien*; *Termina bien tu día*; *Adicción a la aprobación*; *Cómo oír a Dios*; *Belleza en lugar de cenizas*; y *El campo de batalla de la mente*.

La pasión de Joyce por ayudar a las personas que sufren es fundamental para la visión de Hand of Hope, el brazo misionero de Joyce Meyer Ministries. Cada año, Hand of Hope proporciona millones de comidas a personas hambrientas y desnutridas, instala pozos de agua potable en áreas pobres y remotas, brinda ayuda crítica después de desastres naturales, y ofrece atención médica y dental gratuita a miles a través de sus hospitales y clínicas en todo el mundo. A través del Proyecto GRL, mujeres y niños son rescatados de la trata de personas y se les brindan lugares seguros para recibir educación, comidas nutritivas y el amor de Dios.

JOYCE MEYER MINISTRIES

DIRECCIONES DE LAS OFICINAS
EN E.U.A. Y EL EXTRANJERO

Joyce Meyer Ministries
P.O. Box 655
Fenton, MO 63026 USA
(866) 480-1528

Joyce Meyer Ministries—Canadá
P.O. Box 7700
Vancouver, BC V6B 4E2
Canada
(800) 868-1002

Joyce Meyer Ministries—Australia
Locked Bag 77
Mansfield Delivery Centre
Queensland 4122
Australia
+61 7 3349 1200

Joyce Meyer Ministries—Inglaterra
P.O. Box 8267
Reading, RG6 9TX
United Kingdom
+44 1753 831102

Joyce Meyer Ministries—África del Sur
Unit EB06, East Block, Tannery Park
23 Belmont Road
Rondebosch, Cape Town, South Africa, 7700
+27 21 701 1056

Joyce Meyer Ministries—Francofonía
29 avenue Maurice Chevalier
77330 Ozoir la Ferriere
France

Joyce Meyer Ministries—Alemania
Postfach 761001
22060 Hamburg
Germany
+49 (0)40 / 88 88 4 11 11

Joyce Meyer Ministries—Países Bajos
Postbus 55
7000 HB Doetinchem
The Netherlands
+31 (0)26 20 22 100

Joyce Meyer Ministries—Rusia
P.O. Box 789
Moscow 101000
Russia
+7 (495) 727-14-68

OTROS LIBROS DE JOYCE MEYER

Woman to Woman
You Can Begin Again
Your Battles Belong to the Lord*

LIBROS EN ESPAÑOL POR JOYCE MEYER

Amar a la gente que es muy difícil de amar (Blessing People Who Are Hard to Love)
Auténtica y única (Authentically, Uniquely You)
Belleza en lugar de cenizas (Beauty for Ashes)
Bendición en el desorden (Blessed in the Mess)
Buena salud, buena vida (Good Health, Good Life)
Cambia tus palabras, cambia tu vida (Change Your Words, Change Your Life)
El campo de batalla de la mente (Battlefield of the Mind)
Cómo envejecer sin avejentarse (How to Age without Getting Old)
Cómo formar buenos hábitos y romper malos hábitos (Making Good Habits,
Breaking Bad Habits)
La conexión de la mente (The Mind Connection)
Dios no está enojado contigo (God Is Not Mad at You)
La dosis de aprobación (The Approval Fix)
Efesios: Comentario bíblico (Ephesians: Biblical Commentary)
Empezando tu día bien (Starting Your Day Right)
Hágalo con miedo (Do It Afraid)
Hazte un favor a ti mismo…perdona (Do Yourself a Favor…Forgive)
Madre segura de sí misma (The Confident Mom)
Momentos de quietud con Dios, Devocionario (Quiet Times with God Devotional)
Mujer segura de sí misma (The Confident Woman)
No se afane por nada (Be Anxious for Nothing)
Pensamientos de poder (Power Thoughts)
El poder de la gratitud (The Power of Thank You)
La respuesta a la ansiedad (The Answer to Anxiety)
Sanidad para el alma de una mujer (Healing the Soul of a Woman)
Sanidad para el alma de una mujer, devocionario (Healing the Soul of a Woman
Devotional)
Santiago: Comentario bíblico (James: Biblical Commentary)
Siempre alegre (Be Joyful)
Sobrecarga (Overload)
Sus batallas son del Señor (Your Battles Belong to the Lord)
Termina bien tu día (Ending Your Day Right)
Tienes que atreverte (I Dare You)
Usted puede comenzar de nuevo (You Can Begin Again)
Viva amando su vida (Living a Life You Love)
Viva valientemente (Living Courageously)
Vive por encima de tus sentimientos (Living Beyond Your Feelings)

LIBROS POR DAVE MEYER

Life Lines